Landbuch
Verlag Hannover

Schlangen richtig pflegen

Ein Tier-Ratgeber in Zusammenarbeit mit dem Zentralverband Zoologischer Fachbetriebe e.V. (ZZF)

Das Zusammenleben mit Tieren ist wunderschön. Jedoch nur, wenn Tier und Mensch sich dabei wohl fühlen. Damit eine harmonische Partnerschaft zwischen Tier und Mensch entsteht, muss der Mensch verantwortungsvoll mit seinem Tier umgehen – vom überlegten Kauf bis zur artgemäßen Unterbringung, Ernährung und Pflege. Eine verantwortungsvolle Heimtierhaltung fördert den Tierschutz. Wie, das zeigen wir Ihnen auf den folgenden Seiten.

Die Autorin

Dr. Silvia Blahak kennt als praktizierende Tierärztin die Fragen und Sorgen von Reptilienhaltern. Diese Kenntnisse, verbunden mit Erfahrungen als Pflegerin mehrerer Schlangen, vermittelt sie praxisnah dem Einsteiger in die Terraristik.

Verantwortungsvoll mit Tieren leben

SCHLANGEN IM TERRARIUM?

Warum eine Schlange? 5
Faszinierend und andersartig 5

Das besondere an Schlangen ... 6
Die Körpertemperatur ... 6
Kräftige Muskulatur und
reduziertes Skelett 7
Dicht beschuppt 7

Mit vielen Sinnen ausgestattet 9
Ausgeprägter Geruchssinn 9
Vor allem Bewegung wird erkannt 9
Können Schlangen hören? 10
Der sechste Sinn 10

Praktische Fragen 10
Schlangenhaltung erlaubt? 10
Freilauf in der Wohnung? 11
Ein Terrarium braucht viel Platz 11
Was kostet eine Schlange? 11
Lebendfutter – ein Problem? 12
Zeit einplanen! 12
Was sonst noch auf Sie
zukommen kann 13

WELCHE SCHLANGE SOLL ES SEIN?

Artenschutz beachten! 15
Welche Unterlagen sind notwendig? 16

Die richtige Adresse für den Kauf 16

Lassen Sie sich beraten 17
Gesund muss Sie sein 17
Männchen oder Weibchen? 18

Eine oder gleich mehrere? 18
Welche Arten vertragen sich? 19

Systematik ... 20

Die Arten 20
Riesenschlangen 21
Nattern 24

RUND UM DAS LEBEN MIT DER SCHLANGE

Die richtige Unterkunft 31
Ein Quartier aus Glas oder Kunststoff 31

So fühlen sich Schlangen wohl 32
Sonne im Terrarium 33
Schön warm muss es sein 34
Bodenheizungen 35
Achtung Verbrennungsgefahr! 36
Tag und Nacht 36
Frischer Wind 37
Luftfeuchte 37
Bodengrund 38

Abwechslung im Terrarium 38
Ein Wasserbecken muss sein 40
Pflanzen 40

Eingewöhnungszeit 41
Beobachten Sie die Schlange 41
Gesundheitschecks 42
Eine neue Schlange kommt dazu 42

Umgang mit der Schlange 42
Der richtige Griff 43
Bissverletzungen 43
Achtung, freilaufende Schlange! 43

Pflege des Terrariums 44
Tägliche Arbeiten 44
Und ab und zu ... 44

Richtig füttern
Schlangen sind Lauerjäger 44
Lebend- oder Totfütterung? 45
Futtertiere 46
Umgewöhnung von Lebend-
zu Totfütterung 47
Die richtige Zeit zum Füttern ... 48
Füttern einer Schlangengruppe 48
Menge und Häufigkeit 48
Wenn die Schlange nicht
fressen will ... 48
Braucht die Schlange
sonst noch etwas? 50

Winterruhe 50
Vorbereitung für einen
langen Schlaf 50
Die Überwinterung 50
Aufwecken 50

Die Schlange ist krank 52
Erste Hilfe bei offenen
Verletzungen 52

$\mathcal{N}$ ACHWUCHS IM TERRARIUM

Voraussetzung ... 55

Die Paarung 56

Von der Trächtigkeit bis zur Geburt 56

Schlangenkinder werden groß 60

INFO

Farben führen Sie durch diesen
farbigen Tier-Ratgeber

▬ Teil 1 geht auf alle Fragen ein, die Sie sich
vor der Anschaffung einer Schlange stellen
sollten.

▬ Teil 2 enthält Tipps für den Kauf der Schlange und stellt die Arten vor.

▬ Teil 3 informiert Sie über die richtige Einrichtung des Terrariums. Hier finden Sie außerdem wichtige Informationen zur Pflege und
Fütterung der Tiere.

▬ Teil 4 erläutert alles, was man wissen sollte,
wenn Nachwuchs im Terrarium geplant ist.

Unser Motto: Verantwortungsvoll mit Tieren
leben – das heißt: Freude an einer Schlange
haben,
• weil sie artgerecht gehalten wird,
• weil Sie wissen, was sie braucht,
• weil Sie das Verhalten Ihrer Schlange ver-
stehen.

*S*CHLANGEN IM TERRARIUM?

SCHLANGEN GEHÖREN SICHERLICH NICHT ZU DEN ÜBLICHEN HEIMTIEREN. DOCH WER SICH MIT DIESEN UNGEWÖHNLICHEN LEBEWESEN ETWAS NÄHER BESCHÄFTIGT, WIRD IHRER FASZINATION BALD ERLIEGEN UND MÖCHTE DANN VIELLEICHT GERNE SELBST EIN SOLCHES TIER PFLEGEN. ZUVOR SOLLTEN SIE SICH JEDOCH DARÜBER KLAR WERDEN, DASS DIE HALTUNG EINER SCHLANGE GEWISSE ANFORDERUNGEN STELLT, DIE SIE UND BESSER NOCH IHRE GANZE FAMILIE ERFÜLLEN SOLLTEN.

Warum eine Schlange?

Vorurteile über Schlangen gibt es schon seit Jahrhunderten. Schlangen werden als kalt und glitschig bezeichnet. Ihre lautlose Fortbewegung und die Fähigkeit, sich in kleinsten Spalten zu verbergen, machen sie unheimlich und unberechenbar. Das ruft Unsicherheit und Furcht hervor. Dazu kommt, dass viele wild lebende Schlangen giftig und gefährlich für den Menschen sind.

Schlangen üben seit jeher eine Faszination auf den Menschen aus. Wie bei dieser Bullennatter (Pithuophis melanoleucus) ist es neben ihrer Andersartigkeit auch die Färbung, die den Menschen fasziniert.

Mitunter sind diese Eigenschaften Grund dafür, warum Schlangen eine derartige Faszination auf den Menschen ausüben – sollten aber nicht Grund für den Kauf einer Schlange sein. Interessant und spannend ist die Haltung von Schlangen aus ganz anderen Gründen.

Faszinierend und andersartig

Sobald Sie selbst einmal eine Schlange in den Händen gehalten haben, wissen Sie, dass die üblichen Vorurteile gegenüber Schlangen falsch sind. Schlangen sind angenehm warm und glatt und in keiner Weise glitschig wie ein Frosch. Bei jeder Bewegung der Schlange spürt man das fein abgestimmte Zusammenspiel der Muskulatur, das ihr die besondere Fortbewegungsweise und Beweglichkeit ermöglicht.

Hinzu kommt bei vielen Arten eine ausgeprägte Farbenvielfalt, die in den letzten Jahren durch gezielte Zucht noch erweitert wurde. Ein artgerecht eingerichtetes Terrarium mit einer oder auch mehreren schön gezeichneten Schlangen bringt ein Stück Natur in Ihre Wohnung. Auch Kinder können auf diese Weise mit einem Tier vertraut gemacht werden, dessen Lebensweise und Biologie sich doch sehr von einem Säugetier unterscheidet.

Strumpfbandnat-tern wie diese schön gezeichnete rotgebänderte Strumpfband- *natter (Thamnophis sirtalis parietalis) können im Terrarium oder in einer Freianlage leben.*

Das besondere an Schlangen ...

... liegt vor allem in ihrem ungewöhnlichen Körperbau und den Sinnesleistungen, die sich von denen des Menschen und anderer Säugetiere deutlich abheben.

Die Körpertemperatur ...

... ist bei Schlangen von der Umgebungstemperatur abhängig. Reptilien sind wechselwarme beziehungsweise so genannte poikilotherme Tiere. Der

oft gebrauchte Begriff »Kaltblüter« sollte mittlerweile der Vergangenheit angehören, da er völlig unzutreffend ist. Schlangen haben, sofern sie sich nicht gerade in der Winterruhe befinden, auch nicht wesentlich kälteres Blut als der Mensch.

Der Unterschied liegt nur darin, wie diese Körpertemperatur erreicht wird. Ein Säugetier ist in der Lage, seine Körpertemperatur und damit auch den gesamten Stoffwechsel unabhängig von der Außentemperatur konstant zu halten, eine Schlange ist dazu nur in beschänktem Umfang fähig. Sie nutzt dazu allerdings sehr geschickt ihre Umgebung aus, indem sie sich auf Sonnplätzen aufheizt und einer Überhitzung durch Eingraben oder Rückzug in dunkle, kühle Verstecke entgeht. So gelingt es ihr, eine möglichst gleichmäßige Körpervorzugstemperatur aufzubauen, bei der ihr gesamter Stoffwechsel optimal funktioniert. Für die Haltung im Terrarium bedeutet diese Form der Köpertemperatur-Regelung, dass Schlangen unterschiedlich warme Plätze angeboten werden müssen.

Kräftige Muskulatur und reduziertes Skelett

Das knöcherne Skelett ist bei Schlangen stark reduziert. Es besteht vor allem aus der Wirbelsäule, wobei frei endende Rippenknochen mit den Wirbeln über fast die ganze Länge des Tieres verbunden sind. Das Skelett einer Schlange ist also keine geschlossene knöcherne Röhre, sondern bildet einen Halbkreis. Die Bauchseite besteht nur aus Muskulatur und den Bauchschuppen. Die besondere Beweglichkeit erhält sie durch die ausgeprägte Längsund Zwischenrippenmuskulatur.

Eine Schlange besitzt nicht nur keine Gliedmaßen, ihr fehlen auch der knöcherne Schulter- und Beckengürtel, der diese Gliedmaßen normalerweise mit dem Rumpfskelett verbindet. Lediglich bei einigen Riesenschlangen sind gelegentlich kleine Knochenreste des ehemaligen Beckengürtels vorhanden, äußerlich erkennbar an den neben der Afteröffnung befindlichen Afterspornen. Schlangen können sich mithilfe ihrer gut ausgebildeten Muskulatur schnell fortbewegen, machen davon aber selten Gebrauch.

BLINDSCHLEICHEN

Blindschleichen gehören nicht zu den Schlangen sondern zu den Echsen. Unter anderem verraten die Augen, dass eine Blindschleiche trotz ihres Aussehens keine Schlange ist, sie besitzt nämlich voll ausgebildete Augenlider. Weniger sichtbar sind die Unterschiede im Knochenbau. Blindschleichen fehlen zwar äußerlich alle Gliedmaßen, aber Schulter- und Beckengürtel mit rudimentären Gliedmaßenknochen sind vorhanden. Außerdem sind sie wie alle Echsen in der Lage, ein Stück des Schwanzes bei Gefahr abzustoßen und zu flüchten.

Sie lauern auf Beute und folgen ihr unauffällig, jagen sie aber nicht wie ein Lauftier. Sobald sie ein Tier lokalisiert haben und sich in der richtigen Entfernung befinden, stoßen sie blitzschnell zu, erfassen und umschlingen das Beutetier.

Dicht beschuppt

Seit Jahrhunderten werden Schlangen wegen ihrer schön gefärbten und gezeichneten Haut verfolgt. Vor allem Riesenschlangen sind deshalb in einigen Ländern in ihrer Art bedroht.

Das typische Schuppenkleid wird von der stark verhornten obersten Hautschicht ausgebildet. Unterschiedlich große Schuppenplättchen liegen dicht übereinander, bei einigen Familien auch hintereinander. Sie können flach oder auch gekielt, das heißt mit einem Steg versehen, sein.

Das Farbmuster einer Schlange kommt nicht durch die Anordnung verschiedener einfarbiger Schuppen zu Stande, denn eine Schuppe weist oft mehrere Farben

auf. Sowohl Farbe als auch Zeichnung können sich während des Heranwachsens einer Schlange noch verändern. Die feste Schuppenhaut schützt die Schlange vor Verletzungen, erschwert aber auch das Wachstum. Deshalb streift ein heranwachsendes Jungtier mit jedem Wachstumsschub auch die alte, jetzt etwas zu enge oberste Hautschicht ab. Das wird als Häutung bezeichnet.

Auch bei erwachsenen Tieren wird regelmäßig die oberste Hautschicht ersetzt, aber jetzt nur noch alle zwei bis drei Monate. Zwischen der sich ablösenden alten Haut und der darunter liegenden neuen Haut bildet sich ein Flüssigkeitsfilm, der das Abstreifen ermöglicht. Auch die über den Augen liegende Brille, die, wie unten beschrieben, aus Anteilen der äußeren Haut entstanden ist, wird jedes Mal mitgehäutet. Die Haut und auch die Augen sehen während dieser Zeit matt und trüb aus. Die Schlange sieht schlecht, nimmt oft keine Futtertiere mehr an und ist meist reizbar, was aber völlig normal ist.

Der eigentliche Vorgang des Abstreifens beginnt am Kopf. Die Schlange reibt den Kopf an rauen Oberflächen, die alte Haut reißt auf und die

Die matte Hautfarbe und die trüben bläulich schimmernden Augen zeigen deutlich, dass dieser junge Tigerpython (Python molurus bivitattus) sich kurz vor der Häutung befindet.

Schlange schlüpft heraus. Die alte abgestreifte Haut wird als Natternhemd oder Exuvie bezeichnet.

Mit vielen Sinnen ausgestattet

Schlangen nehmen ihre Umgebung mit unterschiedlichen Sinnesorganen wahr. Dabei spielt der Geruchssinn bei Schlangen eine sehr viel größere Rolle als beim Menschen.

Ausgeprägter Geruchssinn

Zur Orientierung nutzen Schlangen vor allem ihren ausgeprägten Geruchssinn. Dabei nimmt die lange bewegliche Zunge die Geruchspartikel auf und bringt sie zurück in die Maul-Nasen-Höhle zum so genannten Jacobsonschen Organ, wo sie verarbeitet und eingeordnet werden. Das Jacobsonsche Organ befindet sich auf dem Boden der Nasenhöhle und besteht aus zwei Säckchen, die mit Riechschleimhaut ausgekleidet sind. Es ist bei vielen Säugetieren vorhanden, fehlt allerdings dem Menschen.

In neuer, fremder Umgebung sind natürlich viele interessante Geruchspartikel vorhanden, deshalb erhöht sich beim Wechsel in eine neue Umgebung die Frequenz des Züngelns.

Vor allem Bewegung wird erkannt

Eine Schlange kann genauso scharf sehen wie ein Mensch, obwohl ihr Auge große Unterschiede zum Säugetierauge aufweist. Die Scharfeinstellung erfolgt hier nicht wie beim Säugetier durch

Interessiert züngelnd erforscht die Kettennatter (Lampropeltis gettulus) ihre Umgebung.

Verformen, sondern durch Vor- und Zurückschieben der Linse im Auge. Äußerlich fällt vor allem auf, dass Schlangen scheinbar keine Augenlider haben. Das täuscht jedoch – die Lider sind noch vorhanden, aber im Zuge der Entwicklung des Schlangenauges verwachsen und durchsichtig geworden. Schlangen haben also eine zusätzliche gläserne Wand vor dem eigentlichen Auge, die als Brille bezeichnet wird.

Die Pupillen sind bei den Schlangenarten unterschiedlich geformt. Vor allem tagaktive Schlangen weisen runde Pu-

pillen auf. Nachtaktive Arten haben schlitzförmige senkrechte Pupillen, die sich sehr weit öffnen können, um auch den letzten Rest Licht auszunutzen. Eine Schlange verarbeitet die Bilder, die sie mit den Augen aufnimmt, anders als die meisten Säugetiere. Sie reagiert vor allem auf Bewegung. Deshalb kommt es vor, dass sich eine Schlange intensiv züngelnd nur wenige Zentimeter vor ihrem Beutetier befindet, ohne dieses jedoch richtig orten und erfassen zu können. Das bei vielen Kleinsäugern zu beobachtende »Erstarren« in Gegenwart einer Schlange ist also nicht auf den hypnotischen Blick zurückzuführen, den man Schlangen nachsagt, sondern stellt eine ziemlich effektive Schutzmaßnahme dar.

Können Schlangen hören?

Das Gehör ist bei Schlangen kaum ausgebildet. Ihnen fehlen äußere Ohren und Gehörgänge, wie sie bei Säugetieren und auch anderen Reptilien vorhanden sind.

Dieser ungiftige Grüne Baumpython (Chondropython viridis) hat schlitzförmige Pupillen, was auf seine nachtaktive Lebensweise hindeutet.

Erschütterungen und tiefe Töne werden über die Kieferknochen direkt zu den kleinen Gehörknöchelchen weitergeleitet und so wahrgenommen.

Der sechste Sinn

Bei einigen Schlangenfamilien helfen zusätzliche Sinneswahrnehmungen beim Aufspüren der Beute. So besitzen zum Beispiel viele Riesenschlangen kleine Schuppentaschen über der Maulspalte, die als Wärmesinnesgruben fungieren und auf die Körperwärme von Tieren reagieren.

Praktische Fragen

Sie haben bereits einiges über das Lebewesen Schlange erfahren und möchten wahrscheinlich nun wissen, welche Ansprüche diese Tiere an ihren Lebensraum stellen und wie Sie diese in Ihrer Wohnung verwirklichen können.

Schlangenhaltung erlaubt?

Es gibt nur für einige Schlangenarten gesetzliche Regelungen, sodass Sie davon ausgehen können, dass Schlangenhaltung erlaubt ist. In manchen Bundesländern werden Riesenschlangen, die über drei Meter lang werden können, und Giftschlangen als so genannte gefährliche Tiere angesehen. Hier ist für die Pflege dieser Schlangen eine Erlaubnis erforderlich. Von den in diesem Buch vorgestellten Schlangen betrifft das nur den Tigerpython. Fragen Sie am besten gleich beim Erwerb der

Schlange, wie die rechtliche Lage in Ihrem Bundesland aussieht.

Freilauf in der Wohnung?

Einige Besitzer von Riesenschlangen meinen, wenn ihre Schlange ruhig und zahm ist, könnten sie sie wie einen Hund in der Wohnung halten. Diese Haltungsform ist für Schlangen absolut ungeeignet.

Alle Rahmenbedingungen wie beispielsweise Temperatur und Luftfeuchte, die für ein gesundes langes Schlangenleben ausschlaggebend sind, fehlen hier völlig. Bei einer solchen Haltungsform sind Erkrankungen und Todesfälle vorprogrammiert. Es spricht nichts dagegen, einer zahmen Natter oder Riesenschlange gelegentlich kontrollierten Auslauf im Zimmer zu geben, aber das sollte immer zeitlich begrenzt sein.

Ein Terrarium braucht viel Platz

Schon vor dem Kauf des Tieres sollten Sie bedenken, wie groß es einmal werden wird, denn danach richtet sich auch die endgültige Terrariengröße. So muss zum Beispiel für eine ausgewachsene Kornnatter ein Terrarium eine Länge von mindestens 1,5 m, eine Breite von 0,75 m und eine Höhe von 1,5 m aufweisen. Bei einer ausgewachsenen Abgottschlange liegen die Werte noch höher, hier wäre eine Länge von knapp 2 m, eine Breite von 1,25 m und eine Höhe von knapp 2 m notwendig. Die Faustformel zur exakten Berechnung der Maße in Abhängigkeit von der Gesamt-

GIFTSCHLANGEN

Giftschlangen wie zum Beispiel Vipern oder Klapperschlangen sind als Pfleglinge nicht geeignet, vor allem nicht für Familien mit Kindern. Ihre Haltung erfordert besondere Vorsichtsmaßnahmen und ist in einigen Bundesländern genehmigungspflichtig. Ein normaler Umgang mit ihnen ist nicht möglich, es besteht immer Verletzungsgefahr für den Pfleger und bei Entkommen der Tiere auch für andere. Da viele ungiftige Arten mit wunderschöner Farbzeichnung und interessantem Verhalten vorhanden sind, liegt kein Grund vor, eine Giftschlange zu erwerben. Die Haltung dieser Tiere sollte wenigen spezialisierten Fachleuten oder Zoologischen Gärten vorbehalten bleiben.

länge der Schlange finden Sie bei der Beschreibung der einzelnen Arten im zweiten Teil.

Was kostet eine Schlange?

Zunächst einmal entstehen Kosten für das Tier selbst, je nach Art und Alter der Schlange ist das sehr unterschiedlich. Sehen Sie sich einfach mal in einer Zoofachhandlung um.

Der nächste Kostenfaktor ist das erste Terrarium. Dieses kann natürlich anfangs kleiner sein als oben angegeben, falls Sie ein kleineres Tier erworben haben. Die Einrichtung ist meist recht kostengünstig möglich, lediglich Strahler und Heizvorrichtungen können zu Buche schlagen.

In der Regel müssen Sie zusätzlich heizen, denn Schlangen sind als wechselwarme Tiere sehr von ihrer Umgebungstemperatur abhängig. Nur wenige Arten empfinden unsere normale Raumtemperatur als ausrei-

chend. Diese Heizvorrichtungen sind mindestens 12, bei vielen Schlangenarten auch 24 Stunden in Betrieb und verbrauchen entsprechend viel Strom.

Lebendfutter – ein Problem?

Die Fütterung von Schlangen ist ein etwas heikles und emotionsgeladenes Thema, da die Fressgewohnheiten der in Terrarien gehaltenen Schlangen denen wildlebender Schlangen entsprechen – und das bedeutet, dass der Schlangenliebhaber seinem Tier eventuell Lebendfutter anbieten muss. Die meisten Schlangen ernähren sich von Kleinsäugern, einige auch von Fischen und Amphibien. Die Schlange lokalisiert die Futtertiere zunächst über deren Geruch und Wärme und reagiert meist erst auf eine Bewegung des Tieres mit einem plötzlichen Vorstoß. Das Tier wird gepackt, schnell umschlungen und erdrückt. Das dauert oft nur Sekunden. Trotzdem reagieren viele Beobachter, die mit Schlangen bislang nicht vertraut waren, gelegentlich mit Abscheu und Ablehnung. Sie sollten sich vergegenwärtigen, dass hier ein ganz natürliches Verhalten abläuft, das nichts mit Gefühlen zu tun hat, sondern von Instinkten geleitet wird. Genauso wenig, wie eine Katze wirklich mit einer Maus spielt, verhält sich die Schlange grausam zu einer Maus, sie folgt nur einem althergebrachten Verhaltensablauf.

Schlangen werden häufig mit lebenden Futtertieren gefüttert, allerdings

URLAUB

Da Schlangen nur alle zwei bis vier Wochen gefüttert werden müssen, können sie auch mal mehrere Tage sich selbst überlassen bleiben. Trotzdem ist es ratsam, während des Urlaubs einmal täglich das Terrarium, die Wasserversorgung und die elektrischen Einrichtungen von einem schlangenerprobten Bekannten oder Nachbarn kontrollieren zu lassen, denn die Heizungsvorrichtungen müssen ja während des Urlaubes eingeschaltet bleiben. Falls eine solche Heimversorgung nicht möglich ist, sollten Sie sich bereits beim Kauf nach einem Schlangensitter erkundigen.

lassen sich viele auch auf tote Tiere umgewöhnen. Das hat den Vorteil, dass sich so auch Medikamente oder Vitaminzusätze schlangengerecht im Futtertier verpacken lassen, falls es mal notwendig werden sollte. In jedem Fall müssen Sie damit rechnen, dass Sie Ihrer Schlange zumindest anfangs auch lebende Mäuse, Ratten, Eintagsküken, Hamster oder Gerbile und bei größeren Exemplaren auch Meerschweinchen oder Kaninchen vorsetzen müssen.

Zeit einplanen!

Im Vergleich zu anderen Heimtieren ist der tägliche Zeitaufwand bei Schlangenhaltung eher gering einzuschätzen. Sie müssen mit einer Schlange ja nicht Gassi gehen oder stundenlange Sprechübungen veranstalten. Eine tägliche Kontrolle von Temperatur und Luftfeuchte, Beseitigung von Kot- und Harnresten sowie Säubern und Befüllen des Wasserbeckens sind ausreichend. Dafür müssten Sie pro Terrarium ungefähr eine halbe Stunde einplanen. Der tägliche Zeitaufwand ist damit recht gering, Sie sollten dabei jedoch bedenken, dass manche Schlangen bei tiergerechter Haltung durchaus 15 Jahre und älter werden können. Sie müssen auch Jugendlichen klarmachen, die im Moment von den Tieren fasziniert sind, dass sie damit eine langjährige Verantwortung auf sich nehmen.

Was sonst noch auf Sie zukommen kann

Trotz guter Pflege sind Krankheiten nie völlig auszuschließen. Sie sollten sich bereits vorab bei Ihrem Zoofachhändler oder Züchter nach Tierärzten erkundigen, die sich mit der Behandlung von Reptilien auskennen. Hinweise erhalten Sie auch bei einer der im Anhang genannten Adressen.
Falls Sie ein Wildfangtier erwerben, sollten Sie vorsorglich Kotproben auf Parasiten untersuchen lassen, da diese Tiere oft verschiedene Würmer bereits mitbringen.

Die Abgottschlange (Boa constrictor), meist ein- *fach als Boa bezeichnet, wird bei etwas Beschäftigung schnell zahm.*

WELCHE SCHLANGE SOLL ES SEIN?

WENN SIE SICH ENTSCHIEDEN HABEN, EINE SCHLANGE IN EINEM ARTGERECHT EINGERICHTETEN TERRARIUM ZU PFLEGEN, FOLGT ALS NÄCHSTES DIE AUSWAHL DER PASSENDEN SCHLANGENART. DABEI SPIELEN ERREICHBARE ENDGRÖSSE DES TIERES UND DAMIT AUCH DAS BENÖTIGTE TERRARIUM, HALTUNGSANSPRÜCHE UND NATÜRLICH PERSÖNLICHER GESCHMACK EINE ROLLE.

Artenschutz beachten!

Terrarientiere sind Tiere, die in den Kreislauf der Natur eingebunden sind. Einige von ihnen sind der Natur sogar direkt entnommen. Hat man sich viele Jahre keine Gedanken zu diesem Thema gemacht, gehört die Frage des Arten- und Naturschutzes heute beim Kauf eines jeden Terrarientieres auf den Tisch, denn zahllose Tiere sind vom Aussterben bedroht und ohne die nationalen und internationalen Artenschutzbemühungen sähe es bezüglich der Artenvielfalt in der Tierwelt noch um einiges trauriger aus.

Im Zusammenhang mit der Haltung und dem Handel von Reptilien existieren mehrere internationale und nationale Bestimmungen. Grundlage des internationalen Artenschutzrechts ist das Washingtoner Artenschutzübereinkommen (Convention on International Trade in Endangered Species, kurz CITES), das durch eine EG-Verordnung in europäisches Recht umgesetzt wird. Darüber hinaus regelt das Bundesnaturschutzgesetz mit Hilfe weiterer Verordnungen den Umgang mit geschützten Tieren in Deutschland.

In diesem Gesetz werden besonders geschützte Arten und vom Aussterben bedrohte Arten hervorgehoben. Unter besonders geschützte Arten fallen die in Anhang A (vom Aussterben bedrohte Reptilien) und B (Überleben der Populationen gefährdet) der EG-Verordnung aufgelisteten Arten sowie alle europäischen Reptilien. Nach der derzeit geltenden Bundesartenschutzverordnung (Stand 9/99) muss die Haltung solcher Tiere bei der nach Landesrecht zuständigen Behörde, im Allgemeinen der Unteren Naturschutzbehörde, angezeigt werden. Die für die Anmeldung

Der aus Westafrika stammende Königspython (Python regius) gehört zu den kleineren Riesenschlangen. Nachzuchttiere sind problemlos im Terrarium zu pflegen.

notwendigen Angaben finden Sie im folgenden Kapitel.

Da die Bestimmungen laufend aktualisiert werden, ist es sinnvoll, wenn Sie sich beim Kauf nach der geltenden Regelung für Ihr Tier erkundigen. Informationen über die aktuellen Bestimmungen erhalten Sie auch bei der für Sie zuständigen Unteren Naturschutzbehörde oder dem Veterinäramt.

Welche Unterlagen sind notwendig?

Achten Sie darauf, dass Ihnen der Händler oder Züchter alle notwendigen Papiere und Informationen für die Schlange mitgibt! Für Schlangen, die im Anhang A aufgeführt sind, benötigen Sie zur Zeit (Stand 9/99) eine so genannte CITES-Bescheinigung und eine Ausnahmegenehmigung vom Vermarktungsverbot, die häufig auf der CITES-Bescheinigung vermerkt ist.

Für Schlangen, die im Anhang B aufgeführt sind, ist zur Zeit (Stand 9/99) eine Bescheinigung über die Nachzucht innerhalb der EG notwendig. Für importierte Tiere benötigen Sie die Nummer des Einfuhrdokuments, beziehungsweise in Niedersachsen eine Kopie dieses Dokuments.

Die richtige Adresse für den Kauf

Prinzipiell gibt es verschiedene Möglichkeiten Schlangen zu erwerben. Allerdings ist nicht jede Adresse wirklich zu empfehlen. Gerade als Einsteiger in die Schlangenhaltung ist es ratsam, sich an einen Zoofachhändler oder an einen privaten Züchter zu wenden und sich von ihm beraten zu lassen. Hilfreich ist es sicherlich, auch bereits in der Entscheidungsphase, Mitglied in der Deutschen Gesellschaft für Herpe-

Lassen Sie sich beim Kauf beraten. Neben wildfarbenen Schlangen gibt es bei einigen Arten auch hübsche Farb- und Zeichenvarianten, die unterschiedlich stark ausgeprägt sein können. Bei dieser Kornnatter (Elaphe guttata) zum Beispiel sind die Schwarzanteile deutlich vermindert.

tologie und Terrarienkunde (DGHT), der größten Vereinigung von Terrarianern in Deutschland, oder einem anderen Terrarienverein zu werden, um sich mit erfahrenen Terrarianern austauschen zu können.

Die DGHT verschickt regelmäßig Anzeigenjournale an ihre Mitglieder, in denen Sie Adressen von privaten Züchtern finden.

Einige Zoofachhändler haben sich auf Reptilien spezialisiert und verkaufen auch Nachzuchttiere. Mittlerweile gibt es Zoofachgeschäfte, die für besonders tiergerechte Haltung und gute Beratung in Zusammenarbeit mit tierärztlichen Vereinigungen ausgezeichnet wurden. Erkennbar sind diese Geschäfte an einem dreieckigen Signet. Die Adressen erhalten Sie über den Zentralverband Zoologischer Fachbetriebe (Adresse im Anhang).

Lassen Sie sich beraten

Im Gespräch mit dem Fachhändler oder dem Züchter sollten Sie erfragen, ob es sich bei dem angebotenen Tier um ein Importtier, also einen Wildfang, oder ein nachgezüchtetes Tier handelt. Wildfänge sind häufig von Parasiten befallen, die behandelt werden müssen, und durch Transportdauer und -bedingungen geschwächt. Eine aus der freien Natur stammende Schlange in ein Terrarium einzugewöhnen ist oft schwierig und nur von einem erfahrenen Schlangenpfleger durchzuführen. Nachzuchttiere sind

FARBVARIANTEN

In den letzten Jahren sind aus vielen Schlangenarten verschiedene Farbvarianten herausgezüchtet worden. Dabei fehlen diesen Neuzüchtungen oft Farbanteile der Elterntiere, so zum Beispiel alle schwarzen Pigmente. Diese Tiere zeigen nur weiße, rote und gelbe Farbtöne. Da sie kein Melanin, also den schwarzen Farbstoff, ausbilden, werden sie korrekt als amelanistisch bezeichnet. Die umgangssprachlich für diese Tiere oft verwendete Bezeichnung »Albinos« ist dagegen falsch. Einem albinotischen Tier fehlen alle Farbpigmente, es ist farblos und erscheint nur durch die Lichtbrechung weiß.

meist parasitenfrei, ans Terrarium gewöhnt und einfacher im Umgang.

Gesund muss sie sein

Um zu prüfen, ob eine Schlange gesund ist, lassen Sie sich das Tier aus dem Terrarium holen, nehmen es in die Hand und schauen es sich genau an. Eine gesunde Schlange wird interessiert züngeln, sich mit der hinteren Körperhälfte haltsuchend kraftvoll um Finger oder Hände schlingen und die Umgebung erforschen. Haut und Augen sind klar und glänzend, das Schuppenkleid liegt eng an und Häutungsreste sind nicht vorhanden. Das Tier sollte keine Verletzungen aufweisen. Die Kloakenöffnung darf nicht verklebt sein, ebenso wenig die Maulspalte. Wenn möglich, öffnen Sie der Schlange mit einem abgerundeten schmalen Gegenstand, zum Beispiel einem Kuli, vorsichtig das Maul. Die Schleimhaut sollte rosa, glatt und glänzend sein. Rotfärbungen oder Beläge deuten auf eine Maulentzündung hin.

KLOAKE

Als Kloake wird der an die Afteröffnung anschlie-
ßende Enddarmabschnitt bei der Schlange bezeichnet. Hier münden außer dem Enddarm auch
die beiden Harnleiter, über die der Harn von den
Nieren herantransportiert wird, und beim weib-
lichen Tier zusätzlich Eileiter beziehungsweise Ge-
bärmutter. Harn und Kot werden zusammen über
eine Öffnung ausgeschieden. Anders als beim
Säugetier existiert bei Schlangen keine Harnblase,
die zunächst den in den Nieren gebildeten Harn
sammelt und dann getrennt von der Darmöffnung
über eine Harnröhre nach außen abgibt.

Den Ernährungszustand der Schlange erkennen Sie am Körperquerschnitt. Wenn
der Querschnitt rundlich ist, ist die
Schlange gut genährt, erscheint er drei-
eckig, ist das Tier mager.

Männchen oder Weibchen?
Wenn Sie zunächst nur eine Schlange
erwerben wollen, wird Sie das Geschlecht noch nicht interessieren, aber
vielleicht möchten Sie ja gleich ein Pär-
chen oder zu einem bereits vorhandenen
Tier einen passenden Partner dazukau-
fen. Bei Schlangen ist das Geschlecht
äußerlich nicht einfach zu bestimmen.
Die männlichen Tiere besitzen zwei so
genannte Hemipenes, die etwas einfacher aufgebaut sind als der Penis des
Säugetieres. Sie dienen nur der Fortpflanzung, nicht der Harnausscheidung.
Der Harn wird nur über die Kloake abge-
geben. Diese Hemipenes liegen einge-
stülpt an der Schwanzunterseite, von
außen kaum sichtbar. Erfahrene Schlangenpfleger erkennen im Vergleich der
Schwanzlänge, ausgehend von der Kloa-

kenöffnung, ob es sich um ein Männchen oder ein Weibchen handelt. Beim
Männchen ist das Schwanzende auf
Grund der Hemipenes deutlich breiter
und länger als beim Weibchen.
Eine sichere Geschlechtsbestimmung ist
durch das Sondieren der eingestülpten
Hemipenes möglich. Dazu werden mit
einer dünnen, abgerundeten Metallson-
de, die vorsichtig am hinteren Rand der
Kloake in die Öffnung eingeführt wird,
die Länge der Taschen an der Schwanzunterseite ausgemessen. Weibchen
haben an dieser Stelle kleine Duftdrüsen, hier kann die Sonde also nur bis
zur 3. oder 4. Schuppenreihe unterhalb
der Kloake vorgeschoben werden, beim
Männchen dagegen wesentlich weiter.
Das Sondieren muss behutsam ausge-
führt werden, um das empfindliche Ge-
webe nicht zu verletzen und sollte deshalb einem erfahrenen Tierarzt, Zoofachhändler oder Terrarianer vorbehalten
bleiben.

Eine oder gleich mehrere?

Schlangen haben kein ausgeprägtes
Sozialleben, also können Sie es
zunächst bei einem Tier belassen, ohne
ein schlechtes Gewissen haben zu
müssen. Natürlich ist auch die Haltung
mehrerer Tiere möglich, wobei sich die
Geschlechter untereinander bei den
meisten Arten gut vertragen. Lediglich
zur Paarungszeit kann es zu Kämpfen
zwischen den Männchen kommen, in
diesem Fall müssen Sie die Tiere beobachten und eventuell trennen.

Schlangen aus der Familie der Königsnattern *(Lampropeltis spp.)* verhalten sich gelegentlich kannibalistisch. Deshalb sollten zum Beispiel Kettennattern, die zu den Königsnattern zählen, einzeln gehalten und nur zur Paarungszeit mit ihrem Partner zusammengesetzt werden.

Welche Arten vertragen sich?

Einige Arten haben fast gleiche Haltungsansprüche und können von daher im selben Terrarium gehalten werden, so zum Beispiel Abgottschlange und Tigerpython oder Kornnatter und Bullennatter. Falls Sie allerdings irgendwann einmal Nachwuchs haben möchten, sollten Sie nur Tiere einer Art zusammen halten. Zwischen Abgottschlange und Tigerpython ist zwar wegen der unterschiedlichen Embryonalentwicklung keine Kreuzung möglich, aber Mischungen zwischen Korn- und Bullennatter oder Königsnatter wurden schon beschrieben. Solche Bastarde zwischen zwei verschiedenen Schlangengattungen sind zwar oft hübsch anzusehen, aber nicht erwünscht. Da manche dieser Kreuzungen kaum von ihren Elternarten zu differenzieren sind, werden auf diese Weise später auch mischerbige Exemplare in reinerbige Zuchtgruppen integriert. Damit ist eine Reinerhaltung des genetischen Materials dieser Art gefährdet. Beim Tigerpython, der drei Unterarten aufweist, besteht dieses

Diese Vertreter der Familie der Riesenschlangen vertragen sich: Links eine Abgottschlange (Boa constrictor nebulosa) und rechts ein Dunkler Tigerpython (Python molurus bivittatus).

Problem bereits. Zwei dieser Unterarten sehen sich äußerlich sehr ähnlich und wurden so oft gekreuzt, dass reinerbige Tiere der selteneren Unterart kaum noch vorhanden sind.

Systematik ...

... oder wie werden Schlangen eigentlich in Arten unterteilt ?

Reptilien werden anhand entwicklungsgeschichtlicher und körperlicher Merkmale in eine Systematik der Arten eingeordnet. Alle Schlangen gehören zu der Ordnung Serpentes, alle Schildkröten zu der Ordnung Chelonia, alle Echsen zu der Ordnung Sauria, und alle Panzerechsen werden zu den Crocodylia gezählt. Eine Ordnung ist jeweils unterteilt in Familien und Unterfamilien und darin werden die Gattungen und Arten aufgelistet. Die wissenschaftliche Bezeichnung einer Schlange setzt sich also aus dem Gattungsnamen und der Artbezeichnung zusammen. Eine *Elaphe guttata* ist eine Schlange, die in die Gattung *Elaphe* einzuordnen ist, die Art selbst wird mit dem Zusatz *guttata* spezifiziert. Mit so genanntem »bürgerlichen Namen« heißt diese Schlange übrigens Kornnatter.

Es lassen sich innerhalb dieser Arten anhand der Verbreitungsgebiete noch Unterarten unterscheiden, die durch einen weiteren wissenschaftlichen Zusatz genauer eingegrenzt werden können.

Für die Kornnatter sieht die systematische Einteilung also zum Beispiel folgendermaßen aus:

Ordnung: Serpentes
Familie: Colubridae (Nattern)
Unterfamilie: Colubrinae (Land- und Baumnattern)
Gattung: Elaphe (Kletternattern)
Art: Elaphe guttata (Kornnatter)

Der wissenschaftliche Begriff, der die Art identifiziert, wird entweder vom Äußeren des Tieres abgeleitet, oder bezieht sich auf Fundorte oder Erstbeschreiber der Art. So bedeutet zum Beispiel *guttata* tropfenförmig und beschreibt die Rückenzeichnung einer Kornnatter. Bei *Acrantophis madagascariensis* handelt es sich um eine aus Madagaskar stammende Riesenschlangenart und *Elaphe moellendorffi* ist eine Kletternatter, die erstmals von Moellendorff beschrieben worden ist.

Nach diesem Ausflug in die trockene Systematik folgt jetzt das Wesentliche, nämlich die Beschreibung verschiedener Schlangenarten.

Die Arten

In diesem Buch werden nur ungiftige Schlangen beschrieben. Diese Schlangen lassen sich in die zwei sehr umfangreichen Familien der Riesenschlangen und Nattern einordnen. Alle hier vorgestellten Schlangen werden in Deutschland seit mehreren Jahren nachgezüchtet.

Die Angaben stellen nur Kurzbeschreibungen dar. Wenn Sie sich für eine der Schlangen entscheiden, wäre die Anschaffung weiterführender Literatur zu dieser speziellen Art anzuraten. Dies gilt insbesondere auch für die verschiedenen Unterarten, auf deren abweichenden Anforderungen hier nicht eingegangen wird. Jeder Beschreibung ist eine kurze systematische Einteilung vorangestellt.

RIESENSCHLANGEN

Die Familie der Riesenschlangen besteht aus zwei großen Unterfamilien: Den Boaschlangen und den Pythonschlangen. Sie unterscheiden sich deutlich in ihrem Fortpflanzungsverhalten. Boaschlangen gebären lebende Junge, Pythons legen Eier. Boaschlangen stammen meist aus Süd- und Nordamerika oder Madagaskar, wogegen Pythons vor allem in Australien, Asien, Afrika und Indonesien vorkommen.

Abgottschlange

Boa constrictor – **Fotos unten, Seiten 13, 19**
Ordnung: Serpentes
Familie: Boidae (Riesenschlangen)
Unterfamilie: Boinae (Boaschlangen)
Gattung: Boa (Abgottschlangen)
Art: Boa constrictor (Abgottschlange)

Das Kopfporträt der Abgottschlange (Boa constrictor) zeigt die interessante Augenzeichnung – die untere Hälfte der Iris ist dunkel gefärbt, obere hell.

Schutzstatus: Anhang B der EG-VO, Unterart *Boa constrictor occidentalis* in Anhang A der EG-VO.
Herkunft: Die Schlange lebt in Südamerika und ist von Südmexiko bis Argentinien verbreitet.
Endgröße: Einzelne Angaben bis 5 m, in der Regel 2,5 bis 3 m.
Terrariengröße (Faustformel): Bei Schlangen mit einer Gesamtlänge (GL) von unter 1,5 m sollte die Größe des Terrariums (Länge x Breite x Höhe) 1 x 0,5 x 0,75 GL betragen, bei Tieren über 1,5 m Körperlänge 0,75 x 0,5 x 0,75 GL.
Haltungsansprüche: Eine Abgottschlange oder Boa benötigt ein beheiztes Terrarium mit einer Lufttemperatur von 25 bis 28 °C, an einzelnen Sonnplätzen sollten bis zu 35 °C erreicht werden. Gleichzeitig ist eine hohe relative Luftfeuchte notwendig, die im Tagesverlauf zwischen 60 und 90 % schwanken kann. Ein Wasserbecken, erhöhte Liegeflächen und kühlere Rückzugsmöglichkeiten vervollständigen das Terrarium. Die Nachttemperaturen können den Tagestemperaturen entsprechen, aber falls Sie Nachwuchs haben möchten, sollte von November bis Anfang März die Nachttemperatur bis auf ungefähr 21 °C abgesenkt werden, um das Paarungsverhalten einzuleiten. Eine Winterruhe ist für diese tropische Schlange nicht üblich.
Ernährung: Boas gehen problemlos an Mäuse oder Ratten und lassen sich zumeist auf Totfütterung umstellen. Die Fütterung sollte zur Aktivitätszeit der Schlangen, also gegen Abend, er-

folgen. Ein erwachsenes Tier wird alle zwei bis vier Wochen gefüttert.

Fortpflanzung: Die oben beschriebene Temperaturabsenkung ist im allgemeinen Voraussetzung für eine Paarung in diesem Zeitraum. Boas sind lebend gebärend, das heißt, nach 4 bis 8 Monaten Tragzeit bringen sie bis zu 60 Jungtiere zur Welt, in der Regel 15 bis 30. Die Jungschlangen sind bei der Geburt 30 bis 35 cm lang.

Hinweis: Abgottschlangen gehören zu den am längsten in Menschenhand vertretenen Riesenschlangen. Sie werden bei etwas Beschäftigung schnell zahm.

Dunkler Tigerpython
Python molurus bivittatus
– Fotos Seiten 8, 19, 23
Ordnung: Serpentes
Familie: Boidae (Riesenschlangen)
Unterfamilie: Pythoninae (Pythonschlangen)
Gattung: Python (Pythons)
Art: Python molurus (Tigerpython)
Unterarten: Python molurus bivittatus; Python molurus molurus; Python molurus pimbura.
Schutzstatus: Anhang B der EG-VO, Unterart *Python molurus molurus* in Anhang A.
Herkunft: Tigerpythons sind in Südostasien beheimatet, vor allem in Burma und Indonesien.
Endgröße: Bis 8 m beschrieben, in der Regel 5 m
Terrariengröße (Faustformel): Bei einer Gesamtlänge unter 2,5 m sollte die Terrariengröße (Länge x Breite x Höhe)1 x 0,5 x 0,75 GL betragen, bei

einer Länge über 2,5 m 0,75 x 0,5 x 0,5 GL.

Haltungsansprüche: Dem Tigerpython sollten Temperaturen von 25 bis 30 °C, lokal bis 35 °C, angeboten werden. Auch hier ist die notwendige hohe relative Luftfeuchte von 70 bis 90 % zu beachten. Erhöhte Liegeflächen und Badebecken werden gern angenommen. Eine Nachtabsenkung der Temperaturen auf ungefähr 22 °C ist empfehlenswert. Tigerpythons gehen nicht in Winterruhe.

Ernährung: Junge Tigerpythons lassen sich mit Mäusen und Ratten füttern, erwachsene Tiere brauchen größere Futtertiere wie Meerschweinchen und Kaninchen. Auch bei diesen Schlangen ist nach einer Eingewöhnungszeit häufig Totfütterung möglich. Da Tigerpythons vorwiegend dämmerungsaktiv sind, ist eine Fütterung am Abend sinnvoll. Auch bei diesen großen Tieren genügt eine Mahlzeit alle drei bis vier Wochen.

Fortpflanzung: Pythons gehören zu den eierlegenden Schlangen. Die Paarungszeit beginnt im November und endet im März. Die Einleitung lässt sich durch die oben angegebene Nachtabsenkung unterstützen. Ungefähr zwei Monate danach legt das Weibchen bis zu 40 Eier ab. Diese werden zwei bis drei Monate bebrütet (entweder vom Weibchen selbst oder im speziellen Brutschrank), dann schlüpfen die Jungschlangen.

Hinweis: Obwohl diese Schlange wahrlich eine Riesenschlange ist, ist sie

Im Gegensatz zum wildfarbenen Tigerpython (*Python molurus*) von Seite 8 ist hier ein Goldpython zu sehen. Dieser Farbvariante fehlen die schwarzen Farbstoffe in der Haut.

trotz ihrer Größe sehr umgänglich und freundlich. Das gilt allerdings nur für den meist verkauften Dunklen Tigerpython, die beiden anderen Unterarten des Hellen Tigerpythons sind wesentlich schwieriger im Umgang und nicht zu empfehlen.

Mittlerweile werden auch so genannte amelanistische Tigerpythons gezüchtet, die nur die gelben Zeichnungsanteile auf hellem Grund aufweisen und als Goldpython verkauft werden (siehe Abbildung oben).

Die erreichbare Endgröße kann bei privater Haltung zu einem Tierschutzproblem werden. Mitgliedsfirmen des Zentralverbandes Zoologischer Fachbetriebe Deutschland e. V. (ZZF) verzichten deshalb auf eine Präsentation der Tigerpythons.

Königspython

Python regius – **Fotos Seiten 14, 41**
Ordnung: Serpentes
Familie: Boidae (Riesenschlangen)
Unterfamilie: Pythoninae (Pythonschlangen)
Gattung: Python (Pythons)
Art: Python regius (Königspython)
Schutzstatus: Anhang B der EG-VO
Herkunft: Königspythons leben in Westafrika.
Endgröße: bis zu 1,5 m beschrieben, meist 1,0 bis 1,2 m.
Terrariengröße (Faustformel): Länge x Breite x Höhe ergeben sich aus der Gesamtlänge der Schlange – 1,0 x 0,5 x 0,75 GL.
Haltungsansprüche: Die Lufttemperatur im Terrarium sollte 25 bis 30 °C betragen, ein Sonnenplatz mit Temperaturen bis 35 °C ist zweckmäßig. Starke Kletteräste und ein Wasserbecken sowie ein kleines Versteck sollten vorhanden sein. Die relative Luftfeuchte muss zumindest zeitweise Werte um 80 % erreichen und sollte nicht unter 60 % fallen. Die Temperaturen können nachts um zwei bis drei Grad abgesenkt werden. Eine Winterruhe wird bei diesen Schlangen nicht durchgeführt.
Ernährung: Königspythons können in der Futteraufnahme etwas heikel sein. Manche Exemplare nehmen nur Hamster oder Gerbile an, das sollten

Sie bereits beim Kauf erfragen. Die Fütterung sollte in den Abendstunden erfolgen, bei dieser Schlange alle zwei bis drei Wochen.

Fortpflanzung: Die Schlangen paaren sich zwischen September und Anfang März. Ab März werden die Eier abgelegt, meist 4 bis 8 Stück. Die Bebrütungsdauer bis zum Schlupf der Jungschlangen beträgt zwei bis drei Monate.

Hinweis: Königspythons gehören zu den kleinsten Riesenschlangen und eignen sich von daher gut für die Haltung im Terrarium. Diese Schlangenart kann in kleinen Gruppen gepflegt werden. Das Eingewöhnen von Wildfängen stellt aber auch für erfahrene Schlangenhalter ein Problem dar, deshalb sollten Sie nur Nachzuchttiere oder sicher fressende Schlangen erwerben.

Der Königspython wird im Englischen »Ball Python« genannt, was sich auf seine Eigenart, sich bei vermeintlicher Gefahr wie einen Ball zusammenzurollen und den Kopf zu verstecken, bezieht.

NATTERN

Die mit Abstand artenreichste Schlangenfamilie ist die der Nattern *(Colubridae)*. Sie wird in zahlreiche Unterfamilien aufgeteilt und umfasst derzeit ungefähr 140 Arten, die ihrerseits noch in Unterarten aufgegliedert werden können. In diese Familie werden beispielsweise Nahrungsspezialisten wie die Eierschlange und der Hühnerfresser sowie verschiedene Trugnattern

eingeordnet. Trugnattern besitzen kleine Giftzähne, die weit hinten im Oberkiefer sitzen und nicht sofort sichtbar sind (deshalb »Trugnatter«). Ihr Gift ist meist nur lokal wirksam. Trotzdem ist die Haltung nur erfahrenen Schlangenpflegern zu empfehlen.

Hier werden ungiftige, durch Farbzeichnung und Lebensweise interessante Schlangenarten vorgestellt.

Kornnatter
Elaphe guttata
– Fotos Seiten 16, 25, 38, 45, 57
Ordnung: Serpentes
Familie: Colubridae (Nattern)
Unterfamilie: Colubrinae (Land- und Baumnattern)
Gattung: Elaphe (Kletternattern)
Art: Elaphe guttata (Kornnatter)
Schutzstatus: keiner
Herkunft: Diese Natter ist in den östlichen und südöstlichen Vereinigten Staaten bis in den Nordosten Mexikos verbreitet.
Endgröße: bis 1,8 m, meist 1,5 m.
Terrariengröße (Faustformel): Das Terrarium sollte, bezogen auf die Gesamtlänge der Schlange, folgende Maße haben (Länge x Breite x Höhe): 1,0 x 0,5 x 1,0 GL.
Haltungsansprüche: Da die Kornnatter zwar aus einem warmen, nicht jedoch tropischen Klima stammt, ist hier keine besonders hohe relative Luftfeuchte notwendig. Dennoch sollte das Terrarium gelegentlich mit Wasser aus einer Blumenspritze besprüht werden und ein kleines Wasserbecken sollte vorhanden

Kornnattern sind einfach zu pflegen und eignen sich daher auch für den Anfänger in der Terraristik (hier: Elaphe guttata).

sein. Der Schlange werden tagsüber Temperaturen von 22 bis 28 °C angeboten, die nachts auf 18 bis 20 °C abgesenkt werden. Eine Kornnatter sollte, entsprechend ihrem natürlichen Lebensrhythmus in freier Natur, für zwei bis drei Monate eingewintert werden.

Ernährung: Kornnattern lassen sich mit Mäusen und Eintagsküken füttern, die nach einer Übergangszeit häufig auch tot gegeben werden können. Eine erwachsene Schlange wird alle zwei bis drei Wochen gefüttert.

Fortpflanzung: Die Kornnatter legt im Frühsommer 10 bis 20 Eier, aus denen nach ungefähr zwei Monaten die Jungschlangen schlüpfen.

Hinweis: Kornnattern werden seit Jahren

im Terrarium in vielen interessanten Farbvariationen nachgezüchtet. Sie sind leicht zu zähmen und nicht sehr anspruchsvoll in der Haltung, also für den Beginn einer Schlangenfreundschaft sehr geeignet.

Bullennatter
Pithuophis melanoleucus
– Fotos Seiten 4, 26
Ordnung: Serpentes
Familie: Colubridae (Nattern)
Unterfamilie: Colubrinae (Land- und Baumnattern)
Gattung: Pithuophis (Kiefernnattern)
Art: Pithuophis melanoleucus (Bullen- oder Kiefernnatter)
Schutzstatus: keiner
Herkunft: Diese Natter kommt in den Vereinigten Staaten von Südkanada bis Mexiko vor.
Endgröße: Bis 2,5 m, meist 1,5 bis 1,8 m.
Terrariengröße: Das Terrarium sollte die Maße (Länge x Breite x Höhe) von 1,0 x 0,5 x 0,75 Gesamtlänge der Schlange haben.
Haltungsansprüche: Ähnlich wie die Kornnatter benötigt diese Schlange vor allem ein Terrarium mit 25 bis 28 °C Lufttemperatur. Nachts sollte eine Abkühlung um ungefähr 5 °C erfolgen. Die relative Luftfeuchte kann durch Einsprühen mit Wasser immer wieder etwas angehoben werden, gleichzeitig sollte die Natter ein kleines Wasserbecken zur Verfügung haben. Bullennattern halten für drei bis vier Monate eine Winterruhe.
Ernährung: Bullennattern ernähren sich von Mäusen und Küken, größere Exemplare nehmen auch Ratten. Die

Fütterungsfrequenz entspricht der Kornnatter und ebenso wie diese gehen sie häufig auch an tote Nager.

Fortpflanzung: Die Eiablage findet im Frühsommer statt. Nach zwei bis drei Monaten Bebrütung der 4 bis 8 Eier schlüpfen die Jungschlangen.

Hinweis: Die Bullennatter ist eine etwas nervöse Schlange und reagiert auf

Bullennattern haben gekielte Schuppen, die keine glatte Oberfläche sondern einen kleinen Steg aufweisen. Bullennattern gibt es in vielen Farben und Zeichnungen.

Störungen unter Umständen mit Nahrungsverweigerung. Ruhiger Umgang und häufiger Kontakt mit dem Pfleger lassen sie jedoch bald zahm werden.

Strumpfbandnattern

Thamnophis sirtalis – **Fotos Seiten 6, 27, 54**
Ordnung: Serpentes
Familie: Colubridae (Nattern)

Unterfamilie: Natricinae (Wassernattern)
Gattung: Thamnophis (Strumpfbandnattern)
Art: Thamnophis sirtalis (Strumpfbandnatter) und viele Unterarten
Schutzstatus: keiner
Herkunft: Die Strumpfbandnatter kommt in den Vereinigten Staaten von Südkanada bis Nordmexiko vor.
Endgröße: bis 1,3 m, meist unter 1 m.
Terrariengröße: Die Größe des Terrariums sollte 1,25 x 0,75 x 0,5 (Länge x Breite x Höhe) der Gesamtlänge der Schlange betragen.
Haltungsansprüche: Diese Schlange zählt zu den Wassernattern, und damit ist auch schon klar, worauf bei ihrer Pflege großer Wert zu legen ist – ein Schwimmbecken! Das Terrarium selbst darf allerdings nicht zu feucht sein und die Schlange muss sich auf Sonnplätzen wieder aufheizen können. Die Temperaturen sollten tagsüber lokal bis 30 °C, im Allgemeinen 22 bis 25 °C und nachts 18 bis 20 °C erreichen. Auch diese Natter geht für zwei bis vier Monate in die Winterruhe.
Ernährung: Eine Strumpfbandnatter ist ein Fisch- und Amphibienfresser und lässt sich gut mit kleinen ganzen Fischen füttern (Kaltwasserfische). Bei einer alleinigen Fütterung mit Fischfilet oder Forellenstreifen muss ein Mineral- und Vitaminpräparat zugesetzt werden. Ein erwachsenes Tier bekommt alle ein bis zwei Wochen eine ausgiebige Mahlzeit.
Fortpflanzung: Die Schlange bringt im Sommer lebende Jungschlangen zur

Dieser Unterart der Strumpfbandnatter (Thamnophis sirtalis sirtalis) fehlt der rote Seitenstreifen, der bei der Unterart auf Seite 6 deutlich zu erkennen ist.

Welt, die bei der Geburt bis zu 24 cm lang sein können. Die Anzahl ist sehr variabel, meist 7 bis 35, es gibt aber auch Angaben bis zu 85 Jungtieren.
Hinweis: Strumpfbandnattern sind aktive, vor allem durch ihre wassernahe Lebensweise interessante Schlangen. Sie lassen sich im Sommer in einer Freianlage halten, in unseren kühlen Übergangsjahreszeiten Frühling und Herbst müssen sie jedoch in ein Aquaterrarium oder ein Gewächshaus umsiedeln. Aber Achtung – für die Anlage ist eine besonders sorgfältige Umzäunung wichtig, die Tiere sind sehr wendig und zwängen sich durch kleinste Ritzen!

Königsnattern
Lampropeltis spp.
Ordnung: Serpentes
Familie: Colubridae (Nattern)
Unterfamilie: Colubrinae (Land- und Baumnattern)
Gattung: Lampropeltis (Königsnattern)
Arten: Lampropeltis getulus (Kettennatter); Lampropeltis triangulum (Rote Königsnatter, Milchschlange) und sehr viele weitere Arten und Unterarten.
Schutzstatus: keiner
Terrariengröße: Für alle Königsnattern gelten die von der Gesamtlänge abhängigen Maße (Länge x Breite x Höhe): 1,0 x 0,5 x 0,5 GL
Im Folgenden werden zwei Arten vor-

MIMIKRY

Das Phänomen, dass eine ungiftige Schlange eine giftige in der Warnfärbung nachahmt, bezeichnet man als Mimikry. Eine Königsnatter oder Milchschlange weist die auffällige Rot-Schwarz-Weiß-Zeichnung einer Korallenschlange auf, ohne jedoch wie diese Giftzähne zu besitzen. Mit diesem Trick schreckt sie ihre natürlichen Feinde und auch den Menschen wirkungsvoll ab. Es gibt bei den nordamerikanischen Schlangen aber auch eine verhaltensorientierte Mimikry. Mehrere ungiftige Nattern wie zum Beispiel die Bullennattern oder die Königsnattern zeigen bei Erregung ein hochfrequentes Vibrieren des Schwanzendes wie die Klapperschlangen. Im Gegensatz zu diesen haben sie jedoch keine losen Hornklappern, sodass diese Drohung im Terrarium meist unhörbar und wirkungslos bleibt. In ihrem natürlichen Habitat mit trockenem Laub und Ästchen können sie aber auf diese Weise ein lautes Rascheln erzeugen, das die Anwesenheit einer Klapperschlange vortäuscht.

nate bei abgesenkten Temperaturen. Diese Schlange ist kannibalistisch veranlagt und sollte einzeln gehalten werden. Partnertiere werden nur zur Paarung zusammengesetzt.

Ernährung: Die Kettennatter erhält alle zwei Wochen ein bis zwei Mäuse. Totfütterung ist nach einer Übergangsphase häufig möglich.

Fortpflanzung: Die Paarung erfolgt nach der Winterruhe im März/April, die Eiablage findet im Mai/Juni statt, in der Regel sind es 5 bis 17 Eier. Die Entwicklung der Jungschlange dauert zwei bis zweieinhalb Monate.

Hinweis: Ihren eigenen Artgenossen gegenüber ist die Schlange zwar etwas unverträglich, aber mit dem Pfleger freundet sie sich schnell an. Die Aufzucht von Jungschlangen kann etwas schwierig werden, mancher Nachwuchs muss erst mittels Zwangsfütterung zur Nahrungsaufnahme überredet werden.

gestellt, die sich gut im Terrarium pflegen lassen.

Auch von diesen Arten gibt es zahlreiche geographische Unterarten, die kurz erwähnt werden.

Kettennatter *(Lampropeltis getulus)* – **Fotos Seiten 9, 47, 49**

Herkunft: Die Kettennatter kommt mit verschiedenen Unterarten im südlichen Teil der Vereinigten Staaten bis in die nördlichen Randgebiete Mexikos vor.

Endgröße: Bis 1,8 m, meist 1,5 m

Haltungsansprüche: Die Schlange fühlt sich bei Temperaturen von 24 bis 28 °C und einer relativen Luftfeuchte von 60 % wohl. Nachts reicht eine Temperatur von 18 bis 20 °C aus. Versteckmöglichkeiten und ein Wasserbecken gehören in das Terrarium. Die Kettennatter überwintert für drei bis vier Mo-

Rote Königsnatter oder Milchschlange *(Lampropeltis triangulum)* – **Fotos Seiten 29, 30**

Bei der Roten Königsnatter ist es notwendig, auf die Unterarten einzugehen, von denen es bei dieser Art 25 gibt. Die Anzahl variiert, da die Zuordnung der Schlangen zu den einzelnen Unterarten immer wieder überarbeitet wird. Sechs dieser Unterarten können auch dem weniger erfahrenen Schlangenpfleger empfohlen werden. *Lampropeltis triangulum gentilis* stammt wie *L. t. sinaloae* und *L. t.*

nelsonii aus den mittleren Vereinigten Staaten. *L. t. gentilis* und *L. t. nelsonii* werden ungefähr einen Meter lang, *L. t. sinaloae* bis 1,2 m. *Lampropeltis triangulum annulata* und *campbelli* kommen in Mexiko vor und werden ebenfalls nur knapp einen Meter lang. Die südlichste und größte hier vorgestellte Unterart ist *L. t. hondurensis*, sie wird 1,5 m lang und lebt in Südamerika.

Haltungsansprüche: Die Tagestemperaturen liegen entsprechend dem Verbreitungsgebiet der Schlangen bei 25 bis 30 °C, dementsprechend sollten die Nachttemperaturen bei ungefähr 20 °C liegen. Die übrigen Haltungsansprüche ähneln denen der Kettennatter. Im Gegensatz zur Kettennatter ist bei diesen Arten eine Gruppenhaltung möglich, die Tiere sollten jedoch zumindest anfangs beobachtet werden.

Die nördlichen Unterarten gehen für drei bis vier Monate in die Winterruhe, bei *L. t. hondurensis* ist das nicht zwingend notwendig. Es kann aber für ein bis zwei Monate eine verkürzte Winterruhe durchgeführt werden.

Ernährung: Die Königsnattern nehmen alle zwei Wochen ein bis zwei Mäuse, nach Gewöhnung häufig auch tote Tiere. Auch diese Nattern sollte man einzeln füttern.

Fortpflanzung. Nach der Paaarung im April/Mai werden nach 6 bis 8 Wochen 4 bis 12 Eier abgelegt. Die Jungschlangen schlüpfen nach gut zwei Monaten Bebrütung.

Hinweis: Königsnattern sind wunderschön farbige Schlangen, deren Zeichnung sich aus roten, schwarzen und weißen Ringen in unterschiedlicher Ausprägung zusammensetzt. Darin ähneln sie sehr den giftigen Korallenschlangen.

Bei der Unterart Lampropeltis triangulum campbelli sind die drei Farben gleichmäßig verteilt, bei anderen Unterarten überwiegt oft das rote Querband.

UND UM DAS LEBEN
MIT DER SCHLANGE

DIE ENTSCHEIDUNG FÜR EINE SCHLANGE IST GEFALLEN, DAS TIER VIELLEICHT SCHON AUSGESUCHT — JETZT MÜSSEN SIE DAFÜR SORGEN, DASS ES SICH BEI IHNEN AUCH WOHL FÜHLT. IN DIE PLANUNG UND EINRICHTUNG DES TERRARIUMS SOLLTEN ALLE FAMILIENMITGLIEDER MITEINBEZOGEN WERDEN, DANN WIRD DER NEUE HAUSGENOSSE AUCH VON ALLEN AKZEPTIERT.

Die richtige Unterkunft

Bevor Sie zur Tat schreiten und ein Tier kaufen, bedenken Sie, dass vor der Ankunft der Schlange das Terrarium komplett eingerichtet werden muss. Sehen Sie sich also zunächst in Ruhe nach der richtigen Unterkunft für Ihre Schlange um und lassen Sie sich bei der Wahl von einem Fachmann beraten. Dabei müssen Sie schon jetzt die Schlange und ihre Endgröße im Hinterkopf haben, denn danach richten sich die Maße des Ter-

rariums. Anhand der Faustformel bei der Artenbeschreibung können Sie die richtigen Maße leicht errechnen. Natürlich benötigen Sie für ein kleineres Tier auch zunächst nur ein kleines Terrarium, aber den Platz für ein erwachsenes Tier müssen Sie von Anfang an einplanen.

Die Schlange sollten Sie erst ins Terrarium setzen, wenn alles fertig eingerichtet und die Temperatur und Luftfeuchtigkeit eingestellt sind. Jeder Transport und Wechsel der gewohnten Umgebung bedeutet für das Tier Stress. Mehrwöchiges Herumprobieren an Temperaturen, Luftfeuchte und Terrarieneinrichtung machen es der Schlange schwer sich einzugewöhnen.

Ein Quartier aus Glas oder Kunststoff

Die meisten Terrarien werden heute aus Glas und Kunststoff oder kunststoffbeschichteten Spanplatten hergestellt. Holz wird zunehmend weniger verwendet, da es trotz Schutzanstrich unter höherer Luftfeuchte aufquillt und sich verzieht. Allerdings lassen sich natürlich in die Holz- oder Spanplatten jederzeit nachträglich Belüftungsschlitze oder zusätzliche Licht- und Wärmequellen einbauen.

Richten Sie Ihrer Schlange in aller Ruhe ein passendes Terrarium ein und beachten Sie dabei die verschiedenen Bedürfnisse der Schlangenarten (hier: Königsnatter).

Mit einem schön eingerichteten Terrarium holen Sie sich ein Stück Natur ins Haus. Lassen Sie sich beim Einrichten Zeit!

Im Handel sind reine Glasterrarien oder Kombinationen aus Glas und Kunststoff erhältlich, die meist komplett mit Belüftungsschlitzen und Schiebetüren angeboten werden. Oft bieten diese Terrarien die Möglichkeit, ein Kabel für eine Bodenheizung durch ein Loch in der Rückwand zu ziehen.

Achten Sie darauf, dass der Deckel des Terrariums nicht vollständig aus Glas besteht, denn dann ist die Befestigung von Lampen zur Beheizung des Terrariums und zur Versorgung der Tiere mit UV-Strahlen von oben nur schwer möglich. Ist ein Teil der Glasabdeckung durch eine Belüftungsöffnung ersetzt, lassen sich mithilfe von Schrauben und Keramikfassungen (E 27, erhältlich im Zoofachhandel) an dieser Stelle Strahler und Leuchtröhren im Terrarium anbringen. Falls Sie das Terrarium an einem bestimmten Platz in Ihrer Wohnung integrieren möchten, sollten Sie sich bei Ihrem Zoofachhändler nach Maßanfertigungen erkundigen. Es gibt mittlerweile kleine Firmen, die sich auf Terrarienbau spezialisiert haben und ein Terrarium nach Ihren Wünschen anfertigen können.

So fühlen sich Schlangen wohl

Damit die Schlange sich wohl fühlt, müssen Sie versuchen, im Terrarium ihr natürliches Biotop nachzuempfinden. Dazu gehören die der jeweiligen Art entsprechenden Klimawerte, also die geeignete Temperatur und Luftfeuchte. Aber auch Umgebungsfaktoren wie Bodengrund, Rückzugsmöglichkeiten und Sonnplätze müssen stimmen.

Um dem neuen Hausgenossen ein Quartier einzurichten, das seinen Bedürfnissen entspricht, braucht der Schlangenfreund neben ein bisschen Fantasie und Geschick auch die Hilfe der Technik.

Sonne im Terrarium

Schlangen brauchen Licht und Wärme, um sich rundum wohl zu fühlen.

UV-LICHT

Das normale Tageslicht setzt sich aus Licht verschiedener Wellenlängen, gemessen in Nanometern (nm), zusammen. Unser Sehvermögen liegt dabei im Bereich von 400 bis 700 nm. Licht mit kürzerer Wellenlänge, also unter 380 nm, wird als ultraviolettes (UV) Licht bezeichnet, Licht längerer Wellenlänge (über 780 nm) als infrarotes Licht. Einige Insekten und Vögel scheinen auch ultraviolettes Licht wahrnehmen zu können. Bei Reptilien ist das Sehvermögen noch nicht vollständig untersucht.

Infrarotes Licht entspricht einer Wärmestrahlung, ultraviolettes Licht wirkt dagegen vor allem auf den Stoffwechsel ein. Man unterscheidet beim UV-Licht die Bereiche A, B und C. UV-C-Licht ist das kurzwelligste Licht mit Wellenlängen unter 280 nm. Es wirkt desinfizierend und kann den Organismus schädigen, deshalb wird es nur im Labor zur Entkeimung eingesetzt. UV-B-Strahlung liegt im Bereich von 280 bis 315 nm. Diese Strahlung ist für Terrarientiere sehr wichtig, da damit in der Haut die Bildung von Vitamin D3 aus seinen Vorstufen veranlasst wird. Das Vitamin ist für den Knochenaufbau unverzichtbar. Ein Zuviel an UV-B-Strahlung kann jedoch zu Hautschäden und Augenreizungen führen. UV-A-Strahlung mit Wellenlängen über 315 nm spielt eine Rolle bei der Pigmentbildung.

Um diese Anforderungen zu erfüllen, können Glühbirnen, Spotstrahler, bei denen das von der Glühbirne ausgehende Licht durch eine reflektierende Wandung konzentriert wird, und Leuchtstoffröhren eingesetzt werden. Diese Lichtquellen geben auch Wärme ab. Die so genannten Dunkelstrahler wie zum Beispiel Elsteinstrahler oder Rotlichtlampen hingegen spenden nur Wärme und kaum sichtbares Licht.

Auf Grund der hohen Licht- und Wärmeleistung sind Entladungslampen wie die Hochdruckentladungslampen HQL (Quecksilberhochdrucklampe) und HQI (Halogenmetalldampflampe) gut für größere Terrarien geeignet. Für ihre Installation sind bestimmte Anforderungen zu erfüllen (Einbau von Vorschaltgeräten und teilweise auch Zündgeräten), die Sie am besten mit Ihrem Zoofachhändler oder einem erfahrenen Terrarianer besprechen sollten.

Für kleinere Terrarien reichen Leuchtstoffröhren und Spotstrahler zur Beleuchtung aus. In den letzten Jahren sind viele speziell für Reptilien hergestellte Leuchtstoffröhren auf den Markt gekommen, die ein natürliches Tageslichtspektrum mit Anteil von ultraviolettem (UV) Licht aufweisen. Sie liefern also nicht nur Helligkeit, sondern wirken durch ihr Lichtspektrum positiv auf den Stoffwechsel der Schlangen ein. Achten Sie beim Erwerb der Leuchtröhren genau auf die Zusammensetzung des Lichtspektrums. Tageslichtlampen enthalten oft nur etwas UV-A-Strahlung und keinen UV-B-Anteil. Spezielle Reptili-

Ein Sonnplatz sollte in keinem Schlangen-Terrarium fehlen. Achten Sie darauf, dass die Lampen für die Schlangen nicht erreichbar sind oder abgeschirmt werden.

nig oder gar keinen UV-B-Anteil hat. Auf Grund der hohen Wattleistung muss der Abstand zu den Tieren mindestens einen Meter betragen, dementsprechend ist diese Lampe nur für große Terrarien geeignet. Die Bestrahlungsdauer liegt zunächst bei 10 bis 15 Minuten dreimal pro Woche und kann langsam auf 30 Minuten dreimal in der Woche gesteigert werden. Schlangen scheinen, anders als Echsen und Schildkröten, weniger stark auf die UV-Strahlung zum Aufbau eines gesunden Knochens angewiesen zu sein, jedoch sind auch sie bei UV-Bestrahlung vitaler und aktiver.

Schön warm muss es sein

Schlangen können als wechselwarme Tiere ihre Körpertemperatur nicht selbst regeln. Sie versuchen, eine möglichst konstante Körpervorzugstemperatur aufrechtzuerhalten, indem sie zwischen warmen und kühlen Plätzen hin- und herwechseln. Deshalb ist es mit einer gleichmäßigen Erwärmung des gesamten Terrariums nicht getan, denn Sie müssen der Schlange im Terrarium diese unterschiedlich temperierten Plätze auch anbieten. Dazu ist es notwendig ein Temperaturgefälle (Temperaturgradient) herzustellen. Das besagt nichts anderes, als dass Sie einen Teil des Terrariums mit einem Strahler besonders stark erwärmen. Hier befindet sich dann auch der Sonnplatz. Unter dem Strahler sollten Temperaturen im oberen Grenzbereich der Schlange erreicht werden. An der gegenüberliegen-

enröhren wie zum Beispiel die Fabrikate Repti-Glo oder Reptisun geben UV-A- und in geringerem Maße UV-B-Strahlung ab und sind so konzipiert, dass man sie den ganzen Terrarientag über als Lichtquelle nutzen kann.
Ein Strahler mit einem hohen UV-B-Anteil (zum Beispiel Osram Ultra-Vitalux) sollte immer nur kurzzeitig eingeschaltet werden. Er ergänzt eine vorhandene Dauerbeleuchtung, die we-

den Seite des Terrariums befindet sich dann ein weniger beheizter, deutlich kühlerer Bereich. Die Temperaturen liegen hier im Bereich der Nachttemperaturen. Diese Stelle kann die Schlange dann aufsuchen, wenn sie ihre Körpertemperatur wieder etwas senken will.

Da Schlangen Licht mit Wärme verbinden, sollte dieser kühlere Bereich auch etwas dunkler sein.

Prinzipiell wird ein Terrarium mithilfe der Lichtquellen von oben erwärmt. Dies ist für Reptilien der natürliche Weg, Wärme aufzunehmen. Es ist aber natürlich nicht sinnvoll, ein Terrarium für ein dämmerungsaktives Tier, wie es viele Schlangen sind, gleißend hell auszuleuchten, einige dunkle Ecken sollten belassen werden.

Falls die Erwärmung über die Leuchtstoffröhre und einen Spotstrahler als Wärmequelle für den Sonnplatz nicht ausreichen, müssen zusätzlich Dunkelstrahler eingesetzt werden. Diese können, an verschiedenen Stellen der Abdeckung angebracht, für die Basistemperatur im Terrarium sorgen. Man rechnet im Allgemeinen mit ungefähr 100 Watt Strahlerleistung pro 100 cm Terrarienlänge. Dieser Wert ist aber nur ein Anhaltspunkt. Für jedes Terrarium muss die gewünschte Temperatur durch Ausprobieren eingestellt und mit einem Thermometer mehrfach überprüft werden. Die Einhaltung der richtigen Temperatur wird am einfachsten von einem elektronischen Thermostat aus dem Zoofachhandel überwacht.

Bodenheizungen

Unter Umständen müssen Sie, um die gewünschten Temperaturen zu erzielen, Bodenheizungen verlegen. Es gibt Heizkabel, Heizmatten und seit einiger Zeit auch Heizsteine mit unterschiedlicher Wattleistung. Diese sind allerdings mehr für wüstenlebende Echsen geeignet, die einen warmen, felsähnlichen Untergrund schätzen. Heizkabel und Heizmatten können unter dem Terrarienboden ausgelegt werden, indem man das Terrarium auf kleinen Holzleisten oder Styropor etwas höher setzt. Das hat den Vorteil, dass die Tiere keinen direkten Kontakt zur

Porzellanstrahler (Elstein- oder Dunkelstrahler), geben nur Wärme ab. Sie sollten jedoch nicht als alleinige Wärmequelle verwendet werden.

Wärmequelle haben können. Geeignet ist diese Beheizung aber nur für Terrarien mit Glasboden.

Effektiver wird die Heizleistung ausgenutzt, wenn die Heizvorrichtungen im Terrarium eingebaut werden. Am besten werden die Kabelschlingen in Zement oder Gips eingebettet. Die Schlingen dürfen sich dabei nicht überlagern. Kabel oder Matten können Sie zum Beispiel mit einer Schieferplatte oder mit speziellen Bodenheizungsfliesen abdecken. Das schützt die Tiere vor Verbrennungen und sorgt außerdem für eine gleichmäßige Verteilung der Wärme. Die Heizvorrichtungen können auch unter tiefem oder festem Bodengrund versteckt werden. Sie müssen allerdings bedenken, dass einige Schlangenarten wie zum Beispiel die Königsnattern sich gern in den Bodengrund einwühlen. Dabei dürfen die Tiere auf keinen Fall die Bodenheizungen erreichen!

Über die Matte oder das Kabel sollte nie der gesamte Boden erwärmt werden, maximal die Hälfte. Sinnvoll ist die Kombination von Bodenheizung und Sonnplatz. Überprüfen Sie vor dem Einsetzen der Schlange die Temperatur des Bodengrundes während die Heizvorrichtung eingeschaltet ist.

Achtung Verbrennungsgefahr!

Im Gegensatz zu Säugetieren nehmen Schlangen Wärmestrahlung fast nur in Verbindung mit sichtbarem Licht wahr. Wärme von Dunkel- oder Infrarotstrahlern oder Bodenheizungen können sie oft nicht einordnen. In der Haut fehlen Wärmerezeptoren, wie sie beim Säugetier vorhanden sind. Deshalb kommt es nicht selten vor, dass eine Schlange schwere Verbrennungen erleidet, weil sie zu lange auf einer nicht abgedeckten Heizmatte gelegen oder sich um einen Strahler gewunden hat. Um die Tiere zu schützen, müssen alle Heizvorrichtungen für Schlangen absolut unzugänglich eingebaut werden. Falls das nicht durchzuführen ist, sollten alle Licht- und Wärmequellen mit hoher Hitzeentwicklung in ungefähr 10 cm Abstand von einem dünnen Drahtgitter abgeschirmt werden, um den Direktkontakt zu vermeiden.

Tag und Nacht

Wie in der Natur müssen auch im Terrarium Licht und Wärme einen Tagesrhythmus aufweisen. Der Schlangentag lässt sich am einfachsten über Zeitschaltuhren auf zehn bis zwölf Stunden begrenzen. In Kombination mit einem Temperaturfühler sorgt ein Thermo-Timer gleichzeitig dafür, dass die gewünschten Temperaturen gleichmäßig gehalten werden. Die Geräte erhalten Sie im Zoofachhandel. Für Nattern aus gemäßigten Klimazonen, in denen ein deutlicher Jahreszeitenwechsel zu beobachten ist, muss dieser auch im Verlauf des Terrarienjahres nachempfunden werden (siehe Seite 50). Hier nimmt zum Winter hin die Tageslichtlänge langsam ab, um dann im Frühjahr wieder anzusteigen.

Die Luftfeuchtigkeit im Terrarium kann durch Besprühen der Terrarienein- *richtung erhöht werden – was allerdings regelmäßig geschehen muss.*

Frischer Wind

Die Luftzirkulation erfolgt in den meisten Terrarien über Lüftungsschlitze mit Lochblechen, die in den Seiten- und Rückwänden oder in der Abdeckung angebracht sind. Warme Luft steigt auf und verlässt das Terrarium über die oberen Lüftungsöffnungen. Gleichzeitig strömt Luft von den unteren Öffnungen nach. Zwei Streifen in einer Breite von 5 bis 10 cm (je nach Größe des Terrariums) reichen völlig aus. Größere Lüf-

tungsflächen verursachen Zugluft und machen es unmöglich, eine hohe Luftfeuchte aufrechtzuerhalten.

Luftfeuchte

Vor allem Schlangen aus tropischen Feuchtgebieten wie Abgottschlangen und Tigerpythons benötigen eine hohe relative Luftfeuchte zwischen 70 und 90 % im Terrarium. Diese Werte sind nicht einfach zu erreichen, wenn man bedenkt, dass in einem normal beheizten Wohnzimmer die Luftfeuchte schnell auf 40 % sinkt.

Regelmäßiges, mehrmaliges tägliches Besprühen des Bodengrundes und der Wände mit einer Blumenspritze erfordert Disziplin des Pflegers und ist nur für ein kleineres Terrarium geeignet. Auch ein Wasserbecken genügt allein nicht, um die hohe Luftfeuchte aufrechtzuerhalten. Hier muss zusätzlich nachgeholfen werden. So lässt sich zum Beispiel das Wasserbecken durch eine Bodenheizung unter dem Becken oder einen Aquarienheizer (Achtung: Direktkontakt mit der Schlange zum Beispiel durch Drahtgitter verhindern!) erwärmen. Das verdunstende Wasser erhöht dann die Luftfeuchte im Terrarium.

Für ein großes Terrarium ist der Einbau eines Luftbefeuchters (Ultraschallvernebler) aus dem Zoofachhandel zu empfehlen, dessen Laufzeit mit einer Zeitschaltuhr geregelt werden kann. Die erzielte Luftfeuchte muss unbedingt mit einem Hygrometer nachgemessen werden, da man sich dabei leicht verschätzt. Die Notwendigkeit der richtigen Luftfeuchte darf nicht unterschätzt werden: Eine ständig zu niedrige Luftfeuchte führt zu Häutungsproblemen, dauernder Reizung der Atemwege und nicht selten zu tödlich endenden Lungenerkrankungen.

Bodengrund

Als Bodengrund werden viele Materialien angeboten, wobei alle Vor- und Nachteile aufweisen – den idealen Bodengrund gibt es nicht (siehe Tabelle auf Seite 39). Erkundigen Sie sich bei Ihrem Zoofachhändler oder dem Züchter des Tieres, welchen Bodengrund er empfiehlt und probieren Sie ihn aus. Wenn Sie feststellen, dass Sie ihn unpraktisch finden, weil Sie zum Beispiel abgesetzten Kot mit der Lupe suchen müssen oder die gewünschte Luftfeuchte nicht halten können, wechseln Sie ihn. Verschiedenes Bodensubstrat ist im Zoofachhandel und im Gartenbedarf erhältlich. Bitte achten Sie darauf, dass die Materialien frei von chemischen Rückständen sind und keine hohe Keimbelastung aufweisen, da Reptilien darauf mit Vergiftungserscheinungen und Hautinfektionen reagieren. Aus diesem Grund sind Materialien wie Blumenerde, Kompost oder mit Holzschutzmitteln behandelte Späne nicht geeignet.

Abwechslung im Terrarium

Mit angenehmen Temperaturen, Licht, Luftfeuchte und geeignetem Bodengrund sind die Grundbedürfnisse der Schlange befriedigt, aber zum wohl Fühlen reicht das nicht aus. Der Le-

Schlangen baden gerne. Dabei ist dieser Kornnatter (Elaphe guttata) selbst diese Schale nicht zu klein.

BODENGRUND

	Vorteile	Nachteile	Eignung
Terrarienerde	• feuchtigkeits-speichernd	• wenig grabfähig für Schlangen • Kot schlecht erkennbar	Geeignet für fast alle Terrarien, besonders bei hoher Luftfeuchte.
Sand	• feuchtigkeits-speichernd • Kot gut erkennbar	• klebt am Futtertier und wird mit aufge-nommen • Schleimhautreizung in Maul und Augen möglich	Weniger gut geeignet für Schlangen mit empfindlicher Haut und auf Grund der Schleimhautreizung für sich eingrabende Schlangen.
Torf	• feuchtigkeitspeichernd • grabfähig	• Kot kaum erkennbar • starke Staubentwicklung • klebt am Futtertier • häufige Befeuchtung notwendig	Allein ungeeignet, in Kombination mit Rindenmulch gut.
Rindenmulch	• grabfähig • etwas feuchtigkeits--speichernd	• Kot kaum erkennbar	Kann auch allein verwendet werden, besser ist die Kombi-nation mit Torf oder Erde.
Hobelspäne, Holzspäne in verschiede-nen Größen	• lässt sich leicht austauschen • Kot gut erkennbar • leicht grabfähig • geringe Staubent-wicklung	• reicht nicht als Ab-deckung für eine Heizvorrichtung aus • klebt am Futtertier	In dicker Schicht für wühlende Schlangen aus gemäßigtem Klima geeignet, klebt aber bei hoher Luftfeuchte.
Fliesen	• direkte Wärmeweiter-leitung von Boden-heizung • leichte Reinigung und Desinfektion • Kot leicht erkennbar	• bei hoher Luftfeuchte bildet sich Staunässe • saugt nichts auf	Als Untergrund und Abdeckung der Heizung gut geeignet, es muss aber eine zusätzliche Einstreu vorhanden sein.
Strohpresslinge (aus der Nager-haltung)	• feuchtigkeits-speichernd • bieten Möglichkeit zum Eingraben • Kot leicht erkennbar	• etwas unebener Untergrund, hilft aber dadurch bei der Häutung	Gut geeignet.

bensraum der Schlange sollte struktu-riert werden. Mehrere Versteck- und Sonnplätze sind bei der Haltung einer Schlangengruppe unabdingbar, bringen aber auch einer Einzelschlange etwas Abwechslung. Sie können mittels ein-zelner großer Steine oder Felsaufbau-ten aus mehreren Brocken eingerichtet

Schlangen – wie diese Abgottschlangen (Boa constric-tor) – nutzen im Terrarium gerne Versteckplätze.

Schlupfkästen aus Holz (zum Beispiel Nagerhäuschen). Sie können Plattformen aus Holz oder Kunststoff bauen, Äste durch das Terrarium ziehen und Wurzeln dekorativ einfügen. Dabei sollten Sie jedoch beachten, dass all diese Strukturelemente sicher befestigt sind und dem Gewicht der Schlange standhalten. Außerdem sollten Sie den Abstand zum Strahler und damit die Temperatur auf diesen Plätzen kontrollieren.

Bei kleineren Tieren kann auch die Rückwand in die Gestaltung des Terrariums miteinbezogen werden. Es gibt im Zoofachhandel vorgefertigte Rückwände aus Kunstharzen oder Zierkork, die Klettermöglichkeiten bieten.

Ein Wasserbecken muss sein

Denken Sie auch an ein Wasserbecken. In jedes Terrarium gehört ein flaches Wasserbecken zur Flüssigkeitsversorgung, das vor der Häutung gern als Badebecken genutzt wird. Es sollte stabil im Bodenmaterial eingelassen sein, um ein Umkippen zu verhindern.

Pflanzen

Für die Schlange reicht die oben beschriebene Einrichtung des Terrariums völlig aus, aber der dazugehörige Mensch möchte meist noch etwas Grünes, um den optischen Eindruck abzurunden. Bei großen Nattern, Abgottschlangen oder Tigerpythons erledigt sich dieser Wunsch jedoch recht schnell von selbst. Keine Pflanze ist so widerstandsfähig.

werden, wobei Sie in diese Aufbauten Rückzugsmöglichkeiten in Form von Höhlen einplanen können. Die Steine müssen fest verkeilt oder noch besser zementiert werden. Die raue Oberfläche dient als Häutungshilfe. Es gibt auch vorgefertigte Versteckhöhlen aus Steinattrappen im Zoofachhandel. Für kleinere Schlangen eignen sich Korkrinden oder -röhren, umgedrehte Blumentöpfe mit erweitertem Abflussloch (scharfe Kanten glätten!) oder

Bei kleineren Tieren lassen sich Blumentöpfe mit echten Pflanzen schön im Terrarium integrieren. Stabile Rankgewächse wie Efeu und Efeutute, kleine Bäume wie Birkenfeige oder Drachenbaum und großblättrige Pflanzen wie Gummibäume passen in jedes Terrarium. Farne und Bromelien eignen sich besonders für Tropenterrarien. Echte Pflanzen verlangen ebenfalls Pflege und die richtige Beleuchtung (Pflanzenlampe). Einfacher ist es daher mit Kunststoffpflanzen, die Sie auch bei Verschmutzung leichter ersetzen können. Es gibt sie in diversen Formen und Ausführungen im Zoofachhandel.

Eingewöhnungszeit

Ist das Terrarium komplett eingerichtet? Licht, Temperatur und Luftfeuchte noch einmal überprüft? Dann kann die Schlange jetzt eingesetzt werden.

Beobachten Sie die Schlange
Zuerst wird die Schlange die neue Umgebung erkunden und unruhig umherkriechen. In dieser Zeit sollten

Zunächst inspiziert der Königspython (Python regius) die Umgebung um dann einen geeigneten Platz zum Ausspähen der Beute zu finden.

Sie das Tier weitgehend sich selbst überlassen und vor allem beobachten. Dabei finden Sie heraus, welche Plätze die Schlange im Terrarium bevorzugt oder auch meidet. Liegt sie nur auf dem Sonnplatz und sucht andere Stellen gar nicht auf, muss wahrscheinlich die Basistemperatur im Terrarium etwas angehoben werden. Der umgekehrte Fall liegt vor, wenn sie sich nur in den dunklen, kühlen Ecken aufhält. Nach ein paar Tagen ist die Schlange mit den Gerüchen vertraut und wird ruhiger.

Gesundheitschecks

Bei Wildfängen sollte nach dem ersten Füttern eine Kotprobe entnommen und bei einem Tierarzt auf Parasiten untersucht werden. Das kann auch bei Nachzuchttieren nicht schaden, einige Parasiten sind auch in Zuchten verbreitet. Die Adresse eines reptilienerfahrenen Tierarztes bekommen Sie zum Beispiel beim Zoofachhändler oder von der Deutschen Gesellschaft für Herpetologie (Adresse im Anhang). Bei dieser Gelegenheit können Sie Ihre Neuerwerbung gleich klinisch untersuchen lassen.

Eine neue Schlange kommt dazu

Falls Sie schon Schlangen besitzen, sollten Sie ein neues Tier nicht sofort zu einer anderen Schlange setzen, sondern es mindestens vier Wochen getrennt halten. In dieser Zeit sollte die neue Schlange tierärztlich untersucht und auf Parasitenbefall über-

prüft werden, damit Sie sich nicht eine Krankheit in Ihren Bestand einschleppen.

Das Quarantäneterrarium kann einfach eingerichtet sein. Eine dicke Lage Zeitungspapier, ein Schlupfhäuschen und eine Wasserschale reichen aus. Selbstverständlich müssen Temperatur und Luftfeuchte den Anforderungen der Schlange entsprechen.

Erst wenn die Untersuchungen abgeschlossen sind, die neue Schlange fit und munter erscheint und gut frisst, kann sie mit einem anderen Tier vergesellschaftet werden.

Umgang mit der Schlange

Sobald die Schlange sich an ihr neues Zuhause gewöhnt hat, können Sie damit beginnen, sie mit Ihnen vertraut zu machen.

Nehmen Sie die Schlange mit ruhigen, langsamen Bewegungen aus dem Terrarium und lassen Sie sie über ihre Hände kriechen. Dabei nimmt die Schlange durch intensives Züngeln Ihren Geruch auf. Regelmäßiger Umgang wird die Schlange an Sie gewöhnen. Dann kann das Tier auch die weitere Umgebung des Terrariums erkunden und etwas Freilauf im Zimmer genießen.

Schlangen reagieren vor allem auf Bewegungen. Schnelles unbedachtes Zugreifen kann deshalb einen reflexartigen Verteidigungsbiss auslösen. Vorsicht ist geboten, wenn

ein noch nicht völlig zahmes Tier aus dem Terrarium zu holen oder um sich die Schlange etwas gründlicher anzusehen. Dazu fassen Sie das Tier mit Daumen und Zeigefinger direkt hinter dem Kopf und unterstützen den Körper mit der zweiten Hand. Der Griff knapp hinter den Unterkiefergelenken kontrolliert die Kopfbewegungen und verhindert ein Zubeißen.

Der richtige Griff ist wichtig, wenn das Tier noch nicht zahm ist (hier: Kornnatter). Lassen Sie sich den Griff von einem Fachmann zeigen.

Bissverletzungen
Ist es doch einmal passiert, dass die Schlange zugepackt hat, bewahren Sie Ruhe. Lösen Sie den Kopf vorsichtig von der Hand und beachten Sie dabei, dass Schlangenzähne etwas nach hinten gebogen sind, bewegen Sie den Kopf also zunächst etwas nach vorne. Die Bisswunde sollten sie mit Jodlösung oder einem anderen geeigneten Desinfektionsmittel gründlich säubern. Die hier beschriebenen Schlangen sind zwar ungiftig, die im Speichel vorhandenen Bakterien könnten dennoch zu einer Entzündung führen.

die Schlange, durch irgendwelche Störungen gereizt, bereits in Abwehrstellung liegt. Die Abwehrstellung erkennen Sie daran, dass der Schlangenkörper zusammengerollt ist und der Kopf-Hals-Bereich eine s-förmige Krümmung zeigt. Aus dieser Stellung kann sich die Schlange kraftvoll nach vorne schnellen und zupacken. Lassen Sie das Tier in so einem Fall besser etwas in Ruhe, bis sich die Schlange wieder entspannt.

Der richtige Griff
Manchmal kann auch ein etwas festerer Griff notwendig werden, etwa um

Achtung, freilaufende Schlange!
Obwohl das Terrarium liebevoll eingerichtet wurde, kann eine Schlange manchmal den Verlockungen der unbekannten weiten Welt außerhalb nicht widerstehen und verschwindet aus dem Terrarium. Vor allem Jungschlangen können sich geradezu unglaublich abplatten und schlüpfen dann durch kleinste Ritzen. Besonders beliebte Ausbruchstellen sind die Glasschiebetüren. Diese müssen immer vollstän-

dig geschlossen sein und an den Übergangsstellen am besten zusätzlich mit einem eingeschobenen Streifen aus Plastik, Pappe oder ähnlichem abgedichtet werden. Alle Öffnungen in der Terrarienabdeckung oder in Seitenwänden, durch die Kabel geführt werden, sollten nach Installation des Kabels mit Silikon verschlossen werden.

Eine freilaufende Schlange wieder zu finden, ist nur bei größeren Exemplaren relativ einfach. Kleine Schlangen zwängen sich in winzige Zwischenräume. Solche Engstellen zum Beispiel am Heizkörper, hinter und unter Schränken und in Regalen sollten Sie zuerst absuchen. Ist es Ihnen nicht gelungen, das Tier wieder zu finden, können Sie noch zu folgendem Trick greifen: Heizen Sie das Zimmer, in dem Sie das Tier vermuten, richtig auf – die Wärme wird die Schlange aktivieren und Sie sehen sie eventuell durchs Zimmer kriechen. Falls das Tier zahm ist, können sie sich dann vorsichtig nähern und es mit ruhigen Bewegungen ergreifen. Ist die Schlange noch nicht völlig mit Ihnen vertraut, lassen Sie ein dünnes Handtuch über das Tier fallen, fixieren den Kopf durch das Handtuch und setzen den Ausreißer wieder zurück.

Pflege des Terrariums

Sobald das Terrarium eingerichtet ist, fällt nur noch wenig Arbeit an, die auch von verantwortungsbewussten Jugendlichen übernommen werden kann.

Tägliche Arbeiten

Zunächst müssen Temperatur und Luftfeuchte im Terrarium nachgemessen werden. Die Heizvorrichtungen sowie die Thermostate oder Zeitschaltuhren können defekt werden, deshalb ist diese regelmäßige Kontrolle sehr wichtig.

Jeder frisch abgesetzte Kot oder Harn und jede alte Haut sollten so bald wie möglich entfernt werden. Das Wasserbecken wird entnommen, gereinigt und mit frischen Wasser aufgefüllt. Dabei bitte keine scharfen Reinigungsmittel verwenden, es sei denn, das wäre im Zuge einer Krankheitstherapie notwendig. Im Normalfall reichen gründliches Auswischen und Spülen. Schlangen reagieren auf Desinfektions- und Reinigungsmittel viel empfindlicher als der Mensch.

Und ab und zu ...

... muss das Terrarium mal richtig gesäubert werden. Auch wenn Sie regelmäßig Kot und Harn entfernen, werden sich im Laufe der Zeit Bakterien im Bodenmaterial anreichern. Deshalb sollte mindestens die obere Schicht des Bodengrundes, aber besser noch der gesamte Bodengrund etwa alle drei bis sechs Monate je nach Fütterungshäufigkeit und Tierbesatz ausgetauscht werden.

Die UV-B-Strahlung der Reptilienröhren lässt nach gut einem halben Jahr nach. Dann sollten die Röhren, auch wenn sie noch normales Licht abgeben, ausgewechselt werden.

Ab und zu müssen auch die Scheiben geputzt werden, vor allem bei hoher Luftfeuchte setzen sich an den Scheiben Kalkreste ab.

Richtig füttern

Natürlich möchten Sie Ihrem neuen Wohnungsgenossen baldmöglichst etwas zu essen anbieten, sie sollten damit jedoch zwei bis drei Wochen warten, bis sich die Schlange richtig eingelebt hat, es sei denn, Sie haben ein Jungtier erworben. Schlangen sind von Natur aus darauf eingestellt, nur in Abständen Nahrung aufzunehmen. Die großen Portionen, die sie bei jeder Mahlzeit zu sich nehmen, wollen erst einmal verdaut werden. In der Regel dauert es bei einem erwachsenen Tier ein bis zwei Wochen, bis die Nahrung den Magen-Darm-Kanal passiert hat und die unverdauten Reste ausgeschieden werden.

Schlangen sind Lauerjäger
Schlangen lokalisieren ihre Beute über den Geruchssinn und die Augen, Rie-

Diese selten gefärbte Kornnatter (Elaphe guttata) hat ihre Beute erfasst und umschlungen. Es dauert meist nur Sekunden, bis das Futtertier erstickt ist.

senschlangen auch über den Wärmesinn. Dabei reagiert die Schlange vor allem auf die Bewegungen des Beutetieres. Auch eine Würgeschlange muss ihr Opfer erst einmal zu fassen bekommen und beißt deshalb zu. Sofort umschlingt sie das Futtertier in mehreren Windungen und erstickt es.

Die Beute wird von der Schlange mit dem Kopf voran verschlungen. Sie orientiert sich dabei am Verlauf des Haarstriches. Erstaunlich ist, dass Schlangen dabei Tiere aufnehmen, deren Durchmesser den ihres Kopfes deutlich überschreitet. Das ist möglich, weil bei Schlangen die Unterkieferäste nicht wie beim Säugetier zu einem ganzen Unterkiefer verwachsen sind, sondern nur durch dehnbare Bänder zusammengehalten werden. Auch die Unterkiefergelenke bestehen aus Bändern statt einer festen Gelenkskapsel und sind deshalb nachgiebig.

Lebend- oder Totfütterung?

Lebendfütterung ist die artgerechte Form, Schlangen im Terrarium zu füttern. Bei Lebendfütterung kann die Schlange ihr artspezifisches Beutefangverhalten ausleben und wird gut mit Vitaminen versorgt. Allerdings kann sich die Beute auch wehren und die Schlange verletzen. Es gibt Schlangen, die durch ein wehrhaftes Futtertier so eingeschüchtert wurden, dass sie sich an lebende Beute nicht mehr herantrauen.

Dieses Verletzungsrisiko fällt bei Totfütterung weg. Außerdem lassen sich auf diese Art Vitamine oder Medikamente im Futtertier verpacken und der Schlange problemlos eingeben. Tote Futtertiere können tiefgefroren gelagert und bei Bedarf aufgetaut werden, bis sie Körpertemperatur erreicht haben. Damit werden die Vorbereitungen für eine Fütterung (Gang zum Zoofachgeschäft, Kauf eines Tieres, Transport und eventuell Aufbewahrung zu Hause) deutlich verkürzt. Über den Reptilienversandhandel und einige Zoofachgeschäfte sind mittlerweile tiefgefrorene Futtertiere erhältlich.

ZWANGSFÜTTERUNG

Das Verfahren sollten Sie sich vom Tierarzt, einem reptilienerfahrenen Zoofachhändler oder Terrarianer zeigen lassen. Bei länger hungernden, geschwächten Schlangen muss mit der Eingabe von Flüssigkeit und püriertem Futter (Fleisch, Katzenfutter) zuerst die Verdauung wieder angeregt werden. Das geschieht mit Hilfe einer Magensonde. Wenn die Schlange das gut verträgt, kann nach ein bis zwei Wochen eine unbehaarte junge Maus gestopft werden. Sie wird mit einer Pinzette vorsichtig in die Speiseröhre der Schlange geschoben und in den Magen massiert. Etwas Wasser oder Speiseöl dient als Gleitmittel. Dabei muss darauf geachtet werden, dass nicht durch die Pinzette oder zu kräftiges Massieren die Speiseröhre verletzt wird. In Abständen von ein bis zwei Wochen können dann weitere unbehaarte und schließlich auch behaarte Mäuse gefüttert werden, bis das normale Futtertier wieder angenommen wird.

Futtertiere

Die Standardfuttertiere in der Schlangenhaltung sind Mäuse und Ratten. Außer der Strumpfbandnatter nehmen alle hier vorgestellten Schlangen die-

Bei dieser fres-
senden Kettennat-
ter (Lampropeltis
gettulus) kann
man deutlich erken-
nen, wie stark der
Rachenraum
gedehnt wird.

aushandeln. In der Regel ist das günstiger, als selbst eine Futtertierzucht aufzubauen. Auch Futtertiere müssen artgerecht gehalten werden und machen entsprechend viel Arbeit.

Es gibt auch schwierige Schlangen, die weiße Nager grundsätzlich ablehnen und nur wildfarbene akzeptieren. Vor allem Königspythons spezialisieren sich gerne auf Rennmäuse (Gerbile) oder Hamster. Solche Besonderheiten kann Ihnen aber der Zoofachhändler oder Züchter beim Kauf des Tieres mitteilen. Eintagsküken aus einer Brüterei eignen sich zur Abwechslung, sind aber weniger nährstoffreich und verändern die Kotkonsistenz. Deshalb sollten sie nur gelegentlich gegeben werden. Strumpfbandnattern sowie weitere Wassernattern ernähren sich in der freien Natur von Fischen, Amphibien und Würmern. Zur Fütterung im Terrarium sind alle kleineren Fischarten geeignet. Dem Herkunftsbiotop entsprechend sollten Kaltwasserfische bevorzugt werden. Eine Fütterung mit Fischstreifen von ganzen Fischen (zum Beispiel Forelle) ist nur bei gleichzeitiger Futterergänzung mit Vitaminen, vor allem B-Vitaminen, und Mineralstoffen wie Kalzium möglich.

ses Futter an. Ein erwachsener Tigerpython braucht allerdings später zum Sattwerden Meerschweinchen, Kaninchen oder Hühner.

Sie bekommen diese Tiere im Zoofachhandel oder vom Züchter. Lassen Sie sich aber nicht mit den aussortierten kranken Nagern abspeisen. Kranke Futtertiere können auch bei einer Schlange für eine Magenverstimmung sorgen und besitzen nicht mehr den vollen Nährstoffgehalt. Wenn Sie regelmäßig Mäuse oder Ratten beziehen möchten, können Sie vielleicht mit Ihrem Zoofachhändler ein Futtertierabonnement

Umgewöhnung von Lebend- zu Totfütterung

Nicht jede Schlange lässt sich auf die Fütterung mit toten Tieren umgewöhnen. Probieren Sie es einfach aus, wenn Ihnen die Fütterung mit toten Tieren praktischer erscheint. Wecken

Sie anfangs durch Bewegen des Tierkörpers mit einer langen Futterpinzette das Interesse der Schlange. Warten Sie, bis die Schlange zuschlägt und das Tier frisst. Nach einiger Zeit reicht es dann, wenn Sie die toten Nager ins Terrarium legen. In der Umstellungszeit sollten die Futtertiere frischtot sein, da dann der artspezifische Geruch noch ausgeprägter ist. Später können aufgetaute Futtertiere gegeben werden.

Die richtige Zeit zum Füttern ...

... ist von der Hauptaktivitätszeit der Schlange abhängig. Die meisten Schlangen sind dämmerungsaktiv, also sollte die Fütterung am späten Nachmittag oder abends stattfinden.
Viele Schlangen wie beispielsweise Königspythons beobachten das Beutetier zuerst eine Zeit lang aus einem sicheren Versteck heraus. Bei diesen mäkeligen Schlangen, die nur zögerlich an die Beute herangehen, oder zunächst völlig uninteressiert scheinen, muss das Futtertier längere Zeit, vielleicht auch über Nacht, im Terrarium bleiben. In diesem Fall muss auch die Maus oder Ratte etwas zu essen bekommen. Es geschieht nicht selten, dass hungrige Futtertiere ihren desinteressierten Jäger annagen.

Füttern einer Schlangengruppe

Sobald ein Futtertier im Terrarium ist, reagieren hungrige Schlangen mit erregtem Umherkriechen und Züngeln. Im Eifer des Gefechts kann es dann schon mal passieren, dass eine andere Schlange mit dem Beutetier verwechselt und angegriffen wird. Aus diesem Grunde sollten Schlangen, vor allem Königsnattern, stets einzeln gefüttert werden. Das erlaubt auch eine genaue Kontrolle über die Futteraufnahme bei den einzelnen Tieren. Sicher fressende Schlangen kann man aus dem Terrarium herausnehmen und in einem kleinen Terrarium füttern, bei heiklen Tieren sollte es umgekehrt ablaufen, das heißt, die anderen Schlangen werden kurzfristig ausquartiert und das eine Tier wird im Terrarium gefüttert.

Menge und Häufigkeit

Angaben zu Menge und Häufigkeit der Fütterung finden Sie bei der Beschreibung der einzelnen Arten. In der Regel geht man davon aus, dass erwachsene Nattern alle zwei Wochen und erwachsene Riesenschlangen alle vier Wochen Nahrung aufnehmen müssen. Jungtiere müssen zwei- bis dreimal in der Woche gefüttert werden.
Im Gegensatz zum Säugetier setzen Schlangen nicht jeden Tag Kot ab. Unverdaute Knochen und Fellreste werden nach einer, manchmal auch erst zwei Wochen nach der Futteraufnahme ausgeschieden. Der dunkle Kot ist nicht mit Harnsäure zu verwechseln, die als weiße breiige bis feste Masse mit dem Harn wesentlich häufiger abgesetzt wird.

Wenn die Schlange nicht fressen will ...

... können unterschiedliche Ursachen vorliegen. Einige liegen im Normalverhalten der Schlange begründet und sind kein Grund, sofort mit einer Zwangsfütterung (siehe Kasten Seite 46) zu beginnen. Jedoch kann eine Futterverweigerung auch das Symptom einer ernsthaften Erkrankung sein und sollte deshalb nicht übergangen werden.

Manche Schlangen legen gelegentlich eine Futterpause ein. Längere Fastenzeiten kommen bei Riesenschlangen, seltener bei Nattern, vor. Kurz vor der Häutung nehmen die meisten Schlangen keine Futtertiere mehr an, da sie sie mit der durch die alte Haut getrübten Brille nicht mehr richtig wahrnehmen können. Paarungsbereite Männchen sind oft zu beschäftigt, um ans Essen zu denken. Auch trächtige Weibchen nehmen meist kein Futter mehr auf. Andere Ursachen liegen in den Futtertieren selbst (ungewohnte weiße Mäuse statt der wildfarbenen o. Ä.) oder auch in der Futtertierpräsentation. Störungen von außen irritieren die Schlange während des Fressaktes und führen oft dazu, dass die Schlange das Futtertier liegen lässt oder bei Manipulationen es ein bis zwei Tage nach der Fütterung wieder auswürgt. Größere Säuberungsaktionen oder Herausnehmen der Schlange sollten in dieser Zeit unterbleiben. Klären Sie die aufgezählten Möglichkeiten im Gespräch mit Ihrem Zoofachhändler, Terrarianern oder einem Tierarzt ab. Führen Sie nach ein bis zwei Wochen einen erneuten Versuch durch und achten Sie dabei be-

wusst auf die Auswahl des Futtertieres und einen ungestörten Ablauf der Fütterung. Zeigt sich keine Veränderung, sollte die Schlange von einem Tierarzt untersucht werden.

Wirkt das Tier jedoch krank oder nimmt im Verlauf der nächsten Wochen stark ab, muss der Besuch bei einem reptilienerfahrenen Tierarzt früher stattfinden (siehe Kasten auf Seite 53). In Absprache mit diesem kann eine Zwangsernährung zusätzlich zur Therapie zur Stärkung der Schlange notwendig werden.

Braucht die Schlange sonst noch etwas?
Werden gesunde, kräftige Futtertiere verfüttert, benötigt die Schlange als Ergänzung nur noch frisches Wasser. Über die Muskulatur der Tiere erhält sie Proteine, das Skelett enthält Mineralien und das Fettgewebe dient als Energieträger. Das Fell wird nicht mitverdaut und sorgt für den Ballaststoffanteil. Der Inhalt des Magen-Darm-Kanals des Futtertieres versorgt sie mit vielen Vitaminen.

Einige Vitamine werden jedoch beim Tieffrieren von Futtertieren zerstört. Aus diesem Grund sollten Vitamine und Mineralstoffe in geringer Menge bei jeder Totfütterung zugesetzt werden, bei Lebendfütterung reicht das bei jeder zweiten Fütterung aus. Dabei sollten vor allem Vitamin C, die Vitamine des B-Komplexes und Mineralien wie Kalzium gegeben werden. Geeignete Präparate sind beim Tierarzt oder im Zoofachhandel erhältlich. Halten Sie sich bei der Verabreichung der Präparate bitte genau an die Angaben des Tierarztes.

Winterruhe

In der Natur halten Schlangen aus gemäßigten Klimaten wie zum Beispiel die Kornnatter, die Bullennatter, die Königsnatter und die Strumpfbandnatter im Winter eine Winterruhe. Durch die absinkenden Außentemperaturen wird der Stoffwechsel herabgesetzt. Die Schlange bewegt sich weniger, Herzfrequenz und Atmung gehen zurück. So verbraucht sie in den kühleren Jahreszeiten kaum Energie und benötigt deshalb auch keine Nahrung mehr. Nur im Zustand der Winterruhe haben Schlangen, die als wechselwarme Tiere auf die Erwärmung durch die Außentemperatur angewiesen sind, eine Chance zu überleben. Im Gegensatz dazu bleiben die Schlangen aus wärmeren, äquatornahen Gebieten, wie die Abgottschlange, das ganze Jahr über aktiv. Eine künstliche Winterruhe würde bei diesen Schlangen dem natürlichen Rhythmus zuwiderlaufen.

Vorbereitung für einen langen Schlaf

Ab Oktober wird die Tageslichtlänge im Terrarium von den üblichen 12 Stunden auf 6 Stunden verkürzt. Das muss langsam über einen Zeitraum von zwei bis drei Wochen geschehen. Die Temperaturen müssen ebenfalls in dieser Zeit allmählich auf 10 °C gesenkt werden. Anfangs können die Tiere noch einmal gefüttert werden, später nicht mehr, da die herabgesetzten Temperaturen keine effektive Verdauung mehr erlauben. Sie sollten darauf achten, dass die Schlange nach der letzten Fütterung abkotet. Damit das noch reibungslos abläuft, sollte die letzte Fütterung Anfang Oktober erfolgen. Die Schlange kann auch mehrfach lauwarm gebadet werden, das ermöglicht eine Flüssigkeitsaufnahme und erleichtert den Kotabsatz.

Während der Winterruhe sollte möglichst wenig Kot im Darm verbleiben, da hier Gärungsprozesse oder die Vermehrung kälteliebender Bakterien die Schlange töten können.

Die Schlange kann in ihrem Terrarium bleiben, sofern sich dieses in einen kühleren Raum (Keller, Garage, unbeheiztes Zimmer) transportieren lässt. Anderenfalls muss sie in eine Überwinterungskiste oder ein Plastikterrarium umgesetzt werden.

Die Überwinterung

Die Überwinterung findet bei Temperaturen zwischen 4 und 10 °C statt. Die-

> **TIPP**
>
> **Ideal zur Überwinterung ist ein ausrangierter Kühlschrank. Er hält die Temperatur gleichmäßig niedrig und schützt das Tier vor Mäusen. Die nötige Luftzufuhr ist gewährleistet, wenn dreimal in der Woche das Tier kontrolliert wird und dabei Luft einströmen kann.**

ser Temperaturbereich muss eingehalten werden, denn bei höheren Temperaturen wird die Schlange wieder aktiv. Dabei verbraucht sie Energie, ist aber noch nicht in der Lage, neue Energie in Form von Nahrung zu verwerten. Solche Halbschlafphasen führen zum Tod durch Erschöpfung.

Der Bodengrund im Terrarium oder der Überwinterungskiste sollte ungefähr 20 cm tief und locker geschichtet sein, damit die Schlange sich verkriechen kann. Ein feuchtigkeitsspeicherndes Substrat wie Moos, Laub oder Rindenmulch in Kombination mit Torf oder Erde lässt sich gut verwenden. Es muss durch gelegentliches Sprühen etwas angefeuchtet werden, um ein Austrocknen der Schlange während der Winterruhe zu verhindern. Die natürliche Feuchtigkeitsabgabe über Haut und Schleimhäute ist zwar vermindert, aber noch vorhanden.

Da Schlangen auch bei tiefen Temperaturen ab und zu Flüssigkeit aufnehmen, sollte eine Wasserschale nicht fehlen.

Die Kiste oder das Terrarium muss gut abgedeckt und verschlossen sein. In den Keller eindringende Mäuse betrachten die Schlange nämlich mitunter als Leckerbissen für zwischendurch und nagen die wehrlose Schlange an. Die überwinternden Schlangen sollten

Schlangen aus gemäßigten Klimazonen kann man in diesen einfach eingerichteten Plastikterrarien überwintern (hier Kettennatter, Lampropeltis gettulus).

zwei- bis dreimal wöchentlich kontrolliert werden, dabei wird auch das Wasser nachgefüllt.

Aufwecken

Das Aufwecken der Schlange erfolgt in umgekehrter Reihenfolge. Über zwei bis drei Wochen hinweg wird die Temperatur wieder angehoben und die Tageslichtlänge gesteigert. Angenehm lauwarm temperierte Bäder unterstützen dabei die Flüssigkeitsaufnahme und aktivieren den Stoffwechsel. Frühestens eine Woche nach Erreichen der üblichen Tagestemperatur kann die Schlange wieder gefüttert werden. Dabei sollte zunächst ein kleines Futtertier gegeben werden.

Die Schlange ist krank

Erste Krankheitsanzeichen sind bei Reptilien häufig wenig ausgeprägt, deshalb müssen Sie Ihr Tier beobachten, um Veränderungen frühzeitig erkennen zu können. Reptilien zeigen deutliche Symptome erst, wenn sie schwer krank sind. In diesem Zustand ist manchmal keine Heilung mehr möglich.
Einige wichtige Symptome sind in der Tabelle auf Seite 53 dargestellt. Einen Teil der Ursachen können Sie selbst, unter Umständen mit Hilfe anderer Terrarianer oder dem Zoofachhändler, abklären, sonst muss ein reptilienerfahrener Tierarzt hinzugezogen werden, der weiterführende Untersuchungen einleitet.

Als verantwortungsbewusster Schlangenpfleger sollten Sie Ihr Tier immer gut beobachten und bei auffälligem Verhalten nicht zu lange mit einer Behandlung warten. Auch Schlangen spüren Schmerzen.

Erste Hilfe bei offenen Verletzungen

Auch im sicheren Terrarium kann sich eine Schlange mitunter Verletzungen zuziehen. Verbrennungen können die Tiere zum Beispiel an nicht genügend abgeschirmten Heizvorrichtungen erleiden. Offene Verletzungen werden durch andere Schlangen oder scharfe Kanten im Terrarium verursacht. Und auch lebende Futtertiere fügen Schlangen manchmal größere Bissverletzungen zu.
Hat sich Ihre Schlange eine derartige Verletzung zugezogen, sollten Sie die Wunde zunächst vorsichtig mit Wasser säubern und dann mit Jodsalbe aus der Apotheke versorgen. Während der Wundheilung muss die Schlange auf Zeitungspapier leben, damit die Wunde nicht durch Bodensubstrat verklebt und verunreinigt wird. Entweder setzen Sie die Schlange in ein anderes Krankenterrarium um oder Sie nehmen den Bodengrund aus dem normalen Terrarium heraus. Die Wunde muss täglich kontrolliert, etwas gesäubert und neu behandelt werden. Das reicht bei kleineren Verletzungen aus. Bei großflächigen Verletzungen sollte die Schlange einem Tierarzt vorgestellt werden, eventuell ist eine antibiotische Behandlung notwendig.

KRANKHEITEN

Futterverweigerung

Wenn die im Normalverhalten begründeten Ursachen nicht zutreffen und die Schlange weitere Symptome zeigt, liegt eine organisch bedingte Erkrankung vor, die behandelt werden muss.

Symptome
Die Schlange wirkt apathisch, züngelt wenig und ist schlaff in der Hand. Sie verliert relativ schnell Gewicht. Mitunter werden Futtertiere erst aufgenommen und nach ein bis drei Tagen wieder ausgewürgt. Gelegentlich findet sich auch vermehrtes Speicheln oder Rötungen im Maulbereich. Manche Schlangen zeigen unkoordinierte Bewegungen und verfehlen das Futtertier beim Vorschnellen.

Ursachen
Entzündung der Maulhöhle oder des Magen-Darm-Traktes, Parasitenbefall, Störung des zentralen Nervensystems.

Behandlung
Weitere Untersuchungen müssen von einem reptilienerfahrenen Tierarzt vorgenommen werden, der eine gezielte Behandlung einleiten kann.

Hautparasiten

Symptome
Die Schlange ist unruhig und liegt viel im Wasserbecken. Die Häutung verläuft nicht vollständig.

Ursachen
Manche Schlangen bringen schon beim Kauf kleine Mitbewohner mit. Sie erkennen Zecken unschwer mit bloßem Auge, bei den wesentlich kleineren roten oder schwarzen Milben müssen Sie bereits etwas genauer hinschauen.

Behandlung
Zecken lassen sich gut mit einer Pinzette oder einer Zeckenzange (beim Tierarzt oder im Zoofachhandel erhältlich) ablesen. Bei Milben muss das gesamte Terrarium mitbehandelt werden, da sie sich hartnäckig im Bodengrund festsetzen können. Die Schlange wird mit einem beim Tierarzt erhältlichen Mittel behandelt (Beachten Sie bei der Verabreichung des Präparates genau die Anweisungen des Arztes). Der Bodengrund muss vollständig ausgetauscht werden.

Häutungsprobleme

Symptome
Die Schlange häutet sich in Fetzen und stark verzögert.

Ursachen
Eine zu niedrige Luftfeuchte behindert das Ablösen der alten Haut. Es könnten aber auch Hautparasiten oder eine Allgemeinerkrankung anderer Ursache dahinterstecken.

Behandlung
Sie sollten zunächst die Luftfeuchte im Terrarium korrigieren, die Vitamindosis kurzfristig etwas erhöhen und das Tier auf Parasiten inspizieren. Lauwarme Bäder weichen die trockene Haut auf. Ist die Haut weich, können Sie vorsichtig die alte Haut ablösen. Vergessen Sie die Augen nicht! Auch die alte Brille muss entfernt werden. Lässt sich damit das Problem nicht beseitigen, sollte die Schlange von einem Tierarzt untersucht werden.

Atemwegserkrankungen

Symptome
Im Anfangsstadium zeigt sich vor allem schaumiger Speichel, später kommen Atemgeräusche hinzu. In schweren Fällen ringt die Schlange deutlich sichtbar um Luft.

Ursachen
Wegbereiter für solche Erkrankungen ist eine nicht ausreichende Luftfeuchte, die die Schleimhäute der Schlange austrocknet, oft verbunden mit einer zu niedrigen Umgebungstemperatur. Das setzt die Abwehr herab und begünstigt eine bakterielle Besiedlung. Gelegentlich können auch Virusinfektionen eine Rolle spielen. Bei Wildfängen sind oft Lungenparasiten die Ursache.

Behandlung
Eine deutliche Erhöhung der Luftfeuchte und Inhalation von stark verdünnten ätherischen Ölen erleichtern die Schleimlösung. Eine tierärztliche Behandlung ist jedoch unumgänglich. Zu langes Abwarten senkt die Heilungschancen rapide.

NACHWUCHS IM TERRARIUM

IRGENDWANN ENTSTEHT DER WUNSCH, MIT DEN EIGENEN SCHLANGEN ZU ZÜCHTEN. EINE ERFOLGREICHE NACHZUCHT BESTÄTIGT DIE EIGENE GUTE PFLEGE UND IST EINE REIZVOLLE HERAUSFORDERUNG. WILL MAN ZÜCHTEN, SOLLTE MAN SICH GRÜNDLICH INFORMIEREN. AM BESTEN NEHMEN SIE KONTAKT ZU EINEM ZÜCHTER AUF. UND BESORGEN SIE SICH SPEZIELLE SCHLANGENMONOGRAFIEN, IN DENEN DIESES THEMA BEZOGEN AUF IHRE SCHLANGE BESONDERS GRÜNDLICH DARGESTELLT WIRD.

Voraussetzung ...

... für eine erfolgreiche Paarung ist das Zusammentreffen von einem Männchen und einem Weibchen. Das klingt banal, ist es aber nicht. Im zweiten Kapitel wird die Unterscheidung von Männchen und Weibchen mittels Sondieren der eingestülpten Hemipenes beschrieben. Wie Sie sich leicht vorstellen können, gibt es viele Möglichkeiten, sich zu irren. Ist die Schlange aufgeregt und verspannt, lässt sich die Sonde nicht vollständig in den eingestülpten Hemipenis einführen, sodass es aussieht, als wären nur die kürzeren Duftdrüsen des Weibchens vorhanden. Zu kräftiges Sondieren kann dazu führen, dass die dünnwandige Drüse eines Weibchens durchstoßen wird, das daraufhin für ein Männchen gehalten wird.

Falls Sie schon längere Zeit vergeblich auf Nachwuchs hoffen, sollten Sie zur Sicherheit noch einmal das Geschlecht der Tiere überprüfen lassen.

Das beste Alter

Das Erreichen der Geschlechtsreife hängt bei Schlangen nicht nur vom Alter ab. Die Anbildung von dotterhaltigen Eiblasen (Follikeln) beim Weibchen beziehungsweise von Samenfäden beim Männchen wird in erster Linie vom Körpergewicht und der Größe des Tieres bestimmt. Durch intensive Fütterung der Jungtiere tritt die Geschlechtsreife früher ein. Das verführt manche Züchter dazu, Schlangen zu früh zu verpaaren. Die ersten Trächtigkeiten verlaufen allerdings bei diesen Tieren meist wenig erfolgreich. Deshalb ist es ratsam, erst mit über drei Jahren alten Schlangen zu züchten.

Wie klein Jungschlangen sind, können Sie an dieser sieben Tage alten Strumpfbandnatter (Thamnophis sirtalis parietalis) sehen.

Die Paarung

Bei den meisten Arten ist eine äußere Stimulierung zur Auslösung des Paarungsverhaltens notwendig. Bei Nattern aus gemäßigten Klimaten scheint es vor allem die Temperaturabsenkung in der Winterruhe zu sein, die die Schlangen in Paarungsstimmung bringt. Sie paaren sich bevorzugt im Frühjahr, meist März bis Mai. Auch Riesenschlangen aus Tropengebieten werden durch Veränderungen des Temperaturzyklus zur Paarung animiert. Eine Erhöhung der Tagestemperaturen bei gleichzeitiger Absenkung der Nachttemperaturen einige Wochen vor der Paarungszeit jeweils um zwei bis drei Grad reicht schon aus. Hier liegt die Paarungszeit von Oktober bis Februar.

Durch kurzzeitige Trennung oder Zusetzen anderer Männchen lassen sich Schlangen ebenfalls stimulieren.

Erst werben

Auch bei der Schlange beginnt das Paarungsverhalten mit der Werbung.

TIPP

Wenn Sie ganz genau wissen wollen, ob Ihre Schlange trächtig ist, sollten Sie nach ungefähr der Hälfte bis zu zwei Dritteln der vermuteten Tragzeit zu einem reptilienerfahrenen Tierarzt gehen. Er kann mittels Ultraschall oder bei fortgeschrittener Trächtigkeit auch durch eine Röntgenuntersuchung die Diagnose stellen.

Das Männchen nähert sich erregt züngelnd dem Weibchen, überkriecht es und tastet es mit seiner Zunge ab. Ist das Weibchen paarungsbereit, legt das Männchen seine Kloakenöffnung an die des Weibchens und führt einen Hemipenis ein. Der Paarungsakt dauert von wenigen Minuten bis zu einigen Stunden.

Übrigens sind die Männchen während der Paarungszeit so völlig von Werbung und Paarung in Anspruch genommen, dass sie kein Futtertier anrühren.

Von der Trächtigkeit bis zur Geburt

Wenn Sie das Glück hatten, eine Paarung zu beobachten, heißt es jetzt warten. Die Tragzeit variiert bei den hier beschriebenen Schlangen zwischen eineinhalb und maximal acht Monaten. Das erklärt sich durch die unterschiedliche Jungtierentwicklung. Die kürzere Tragzeit von eineinhalb bis maximal zweieinhalb Monaten weisen eierlegende Schlangen auf, wohingegen lebend gebärende Schlangen mindestens vier und maximal acht Monate tragen.

Meist können Sie eine deutliche Umfangsvermehrung des Weibchens beobachten, obwohl es während dieser Zeit kein Futter mehr aufnimmt. Die Schlange bevorzugt warme Plätze. Einige Riesenschlangen zeigen eine unübliche Lage. Sie drehen ihre Bauchseite nach oben, wobei Kopf

Pythonschlangen zeigen ein regelrechtes Brutverhalten. Die Weibchen schlingen sich vorsichtig um die Eier und regeln sogar durch Muskelkontraktionen die Bebrütungstemperatur.

und das erste Körperdrittel normal gehalten werden.

Eierlegende Schlangen

Die meisten Schlangen legen Eier ab, sie werden als ovipar bezeichnet. Der große dotterhaltige Follikel wird im Eierstock angebildet und bei der Paarung befruchtet. Aus der Vereinigung von Eizelle und Samenzelle entwickelt sich auf dem Dotter der Embryo. Er ernährt sich von dem gehaltvollen Dotter, der über den Dottersackstiel direkt mit seinem Darminnern verbunden ist. Zum Zeitpunkt der Eiablage ist der Embryo kaum sichtbar. Er entwickelt sich jedoch sehr schnell und verbraucht dabei den Dotter.

Das Schlangenei ist bei den meisten Arten oval bis länglich. Während der langsamen Wanderung durch den Eileiter werden von den Schalendrüsen Schalenhaut und die Kalkschale auf-

gelagert. Im Vergleich zum Hühnerei ist die Schale jedoch dünner und nachgiebiger.

Lebendgebärende Schlangen

Schlangen wie die Abgottschlange (und alle anderen Mitglieder der Unterfamilie Boinae) und die Strumpfbandnatter bringen lebende Junge zur Welt, sie werden als ovovivipar bezeichnet. Aber auch hier werden nach der Befruchtung zunächst Eihäute und eiähnliche Strukturen gebildet, allerdings keine Kalkschale. Statt das Ei in einem relativ frühen Embryonalstadium abzulegen, entwickelt sich hier geschützt im

VORSICHT ←

Pythonweibchen verteidigen ihr Gelege. Bei Bedrohung schnellen sie vor und beschädigen dabei unter Umständen die Eier, die in den Körperschlingen eingebettet sind. Die ausgeprägte Brutpflege erlaubt bei diesen Schlangen den Versuch der Naturbrut.

LEGENOT

Falls sich eine trächtige Schlange über Wochen unruhig zeigt, ohne Eier oder Jungtiere abzusetzen, müssen Sie eingreifen. Überprüfen Sie zunächst nach Rücksprache mit einem Züchter oder erfahrenen Zoofachhändler, ob die Bedingungen für eine Eiablage oder Geburt bei Ihnen wirklich ausreichend vorhanden sind. Eventuell müssen Sie die Luftfeuchte erhöhen oder das Bodensubstrat in der Legebox wechseln. Bleibt das Verhalten unverändert, leidet die Schlange an einer Legenot und sollte von einem Tierarzt untersucht werden.
Es kann bei Eiablage und Geburt zu lebensbedrohlichen Veränderungen für das Muttertier kommen. Wenn eine Schlange bereits mehrere Eier oder Jungtiere abgesetzt hat, aber immer noch unruhig umherkriecht und der Bauch weiterhin angeschwollen erscheint, kann ein Hindernis Eileiter oder Kloake blockieren. Als erste Hilfe können Sie die Schlange in angenehm handwarmem Wasser baden und dabei sehr vorsichtig über den Bauch streichen. Auf gar keinen Fall dürfen Sie versuchen, Eier oder Jungtiere herauszumassieren, da Sie dabei Zerreißungen und innere Blutungen auslösen können. Bringt das Bad keinen Erfolg, sollten Sie sofort einen Tierarzt aufsuchen, der über die weitere Behandlung entscheidet.

nem geeigneten Ablageplatz mit weichem Boden zum Einwühlen im Terrarium umher.

Jetzt sollten andere Schlangen aus dem Terrarium genommen werden, damit sie das trächtige Tier nicht stören. Sie selbst sollten den Umgang mit der Schlange auf ein Minimum beschränken und ihr einen geeigneten Eiablageplatz anbieten.

Gern wird ein Unterschlupf mit nicht zu großer Öffnung angenommen, der mit etwas angefeuchtetem Bodenmaterial gefüllt ist. Dafür eignet sich ein Torf-Erde-Gemisch, Terrarienhumus oder Terrarienmoos (erhältlich im Zoofachhandel). Die Legebox kann zum Beispiel aus einem Holzhäuschen mit abnehmbarem Deckel oder einer großen Plastikdose, in deren Seitenwand eine Öffnung geschnitten wurde, bestehen. Er sollte angenehm erwärmt werden (ungefähr 25 °C). Der abnehmbare Deckel ist wichtig, da Sie so am schonendsten die Eier aus dem Terrarium entnehmen und in einen Brutschrank (Inkubator) überführen können.

Für die Geburt bei lebend gebärenden Schlangen gelten dieselben Anforderungen, auch sie ziehen sich gerne an einen geschützten Platz zurück.

Mutterleib eine kleine vollständige Schlange. Die Ernährung des Embryos erfolgt weitgehend über den Eidotter. Bei einigen Riesenschlangen ist jedoch ein primitiver Mutterkuchen (Plazenta) beschrieben, der es dem wachsenden Jungtier ermöglicht, Nährstoffe direkt von der Mutter zu beziehen, wie das auch beim Säugetier der Fall ist.

Der richtige Platz für die Eiablage

Einige Tage vor der Eiablage oder dem Geburtstermin wird die Schlange unruhig und kriecht auf der Suche nach ei-

Sichere Brut im Inkubator

Da die meisten Arten ihre Eier nicht aktiv bebrüten, ist es am Erfolg versprechendsten die empfindlichen Eier zum Bebrüten in einen speziellen Brutapparat, einen Inkubator, zu legen. Hier können Temperatur und Luftfeuchte geregelt und konstant gehalten werden, was im Terrarium nicht so exakt möglich ist. Sie können sich beispielsweise im Selbstbau einen Inkubator herstellen, indem Sie einen großen abgedeckten Styropor-, Glas- oder Plastikbehälter, der ausreichend Wasser enthält, mit einem Aquarienheizer beheizen. So wird die notwendige Temperatur und gleichzeitig eine hohe Luftfeuchte erreicht. Häufige Kontrollen des Wasserstandes sind allerdings nötig. In diesen Kasten wird ein zweiter kleinerer Kasten mit dem Substrat und den Eiern hineingestellt, am besten etwas erhöht. Die Einhaltung der Temperatur wird mit einem Thermostat geregelt, die Luftfeuchte mittels eines Hygrometers überprüft. Sie können aber auch einen Inkubator im Zoofachhandel kaufen, wobei hier verschiedene Modelle angeboten werden. Diese Geräte sind komplett ausgestattet.

Vorsicht bei der Entnahme der Eier!
Die Eier müssen vorsichtig aus dem Terrarium genommen werden, sie sollten dabei möglichst nicht gedreht werden. Im Hühnerei wird der Embryo durch die Hagelschnüre am Platz gehalten. Diese Stabilisierung fehlt jedoch im Schlangenei, sodass beim Drehen des Eies der Embryo vom Dotter begraben wird und abstirbt. Am besten markieren Sie sich die Oberseite des Eies mit einem Bleistift und legen dann das Ei genau so in den Inkubator. Manche Gelege kleben regelrecht zusammen, das sollten Sie so belassen.

Das Klima im Brutapparat muss stimmen
Ein Inkubator muss die gewünschte Bebrütungstemperatur und Luftfeuchte genau einhalten. Schlangeneier neigen auf Grund der dünneren Kalkschale zum Austrocknen, deshalb muss eine gleichmäßige hohe Luftfeuchte von 90 % vorhanden sein. Die Bebrütungstemperatur liegt für Schlangeneier im Bereich von 27 bis 32 °C. Eier von Königsnattern werden bei Temperaturen von 27 bis 28 °C und Pythoneier von 30 bis maximal 32 °C bebrütet. Zu hohe oder zu niedrige Temperaturen können zu Missbildungen führen.

Seien Sie sehr vorsichtig, wenn Sie eine Jungschlange wie diese Kornnatter (Elaphe guttata) auf die Hand nehmen.

Die Eier werden in ein feuchtigkeitsspeicherndes Substrat eingebettet. Geeignet sind zum Beispiel Vermiculit (erhältlich in Heimwerkermärkten), Schaumstoff, Sand oder Terrarienmoos, das Sie im Zoofachhandel erhalten. Dieses Bodenmaterial wird während der Bebrütungsdauer leicht feucht gehalten.

Kontrolle ist wichtig!
Nicht nur Temperatur und Luftfeuchte müssen regelmäßig kontrolliert werden, auch der Zustand der Eier sollte beobachtet werden. Bei zunehmenden Verfärbungen und Schimmelbildung ist ein Ei abgestorben und sollte entfernt werden. Falls es aber mit anderen Eiern eng verbunden ist, kann es besser sein, das Ei im Brutapparat zu belassen, da beim Loslösen die anderen Eier beschädigt werden. Schimmelbildung ist zumeist ein Hinweis auf Staunässe, hier muss gelüftet und das Substrat überprüft werden.

Mithilfe des Eizahns ans Licht der Welt
In der Regel schlüpfen Jungschlangen nach zwei Monaten. Eine exakte Zeit lässt sich jedoch nicht vorhersagen, da oft die Eiablage nicht beobachtet wurde und die Bebrütungstemperaturen die Dauer beeinflussen.
Die Jungschlangen schneiden mit ihrem Eizahn, der sich auf der Schnauzenspitze befindet, die Eihülle auf. Oft verlassen sie das Ei nicht sofort, sondern bleiben noch ein bis zwei Tage in der Eihülle. Die Jungschlangen eines Geleges sollten innerhalb einer Woche schlüpfen. Wird diese Zeit deutlich überschritten, sind die Schlangen wahrscheinlich abgestorben.

Sind sie weiblich oder männlich?
Ob aus einem Ei ein männliches oder weibliches Exemplar schlüpft, ist bei vielen Schildkröten und Echsen abhängig von der Bebrütungstemperatur. Bei einigen Arten entstehen bei höheren Temperaturen mehr Männchen (zum Beispiel bei Landschildkröten), bei anderen Reptilien (zum Beispiel beim Mauergecko) ist es umgekehrt.
Bei Schlangen wird das Geschlecht der Jungschlange bei der Befruchtung festgelegt und entwickelt sich nicht temperaturabhängig. Deshalb vermutet man bei Schlangen Geschlechtschromosomen wie beim Menschen, bei einigen Arten wurden sie nachgewiesen.

Schlangenkinder werden groß

Nach dem Schlupf müssen die jungen Schlangen baldmöglichst aus dem Inkubator in kleine Terrarien gesetzt werden. Die Aufzucht sollte einzeln erfolgen, da kleine Schlangen in den ersten Lebensmonaten nach allem beißen, was sich bewegt und auch nur annähernd essbar sein könnte, das können auch Geschwister sein. Dieser Reflex dient der Verteidigung und versorgt sie in der freien Natur mit Nahrung.

Den Schlangenkindern sollten dieselben Klimabedingungen wie den ausgewachsenen Schlangen angeboten werden. Lediglich die Luftfeuchte sollte in den ersten vier Lebenswochen bei allen Jungschlangen noch 80 % betragen und dann langsam auf den der Art entsprechenden Wert herabgesenkt werden.

Die erste Häutung findet in den ersten drei Wochen statt, selten dauert es länger. Erst danach nehmen die Jungschlangen auch Futter an. Sie verzehren unbehaarte Babymäuse oder, im Fall der Strumpfbandnattern, auch kleine Fische und Fischstücke. Die

Nachdem die Schlange das Ei geöffnet hat, beäugt sie zunächst neugierig die Umgebung. Doch bevor sie das Ei verlässt, ruht sie sich noch aus.

Fütterung erfolgt zweimal wöchentlich. Sie kann, je nach Wachstum der Schlange, auf einmal wöchentlich beschränkt oder auf dreimal heraufgesetzt werden.

Wenn Jungschlangen das Futter verweigern ...

... lassen Sie das Futtertier einfach einige Stunden oder über Nacht im Terrarium. Oft beobachtet die Schlange das Futtertier zuerst und frisst es später. Wenn das nicht funktioniert, können Sie zunächst versuchen, sie durch leichtes Anstoßen mit einer Pinzette mit einem Futtertier etwas zu ärgern. Sobald sie reflexartig zubeißt, drücken Sie ihr das Futtertier ins Maul. Mit etwas Glück wird die Schlange es abschlucken und damit ist der Durchbruch geschafft.

Nützliche Adressen

DGHT – Deutsche Gesellschaft für Herpetologie und Terrarienkunde e. V.
Postfach 14 21
53351 Rheinbach
Telefon:
0 22 55/70 33 33
Fax:
0 22 55/70 33 38
Internet:
www.dght.de
Die DGHT gliedert sich in zahlreiche Stadt-, Regional- und Landesgruppen, die sich regelmäßig zu Vorträgen sowie zum Erfahrungs- und Informations-austausch treffen. Daneben gibt es fachspezifische Arbeitsgruppen, die sich mit einzelnen Tieren beschäftigen. Die entsprechenden Anschriften erhalten Sie in der DGHT-Geschäftsstelle.

**Zeitschriften
für Terrarianer**

DATZ
Die Aquarien- und Terrarien-Zeitschrift.
Eugen Ulmer Verlag, Stuttgart

Herpetofauna
Die Zeitschrift für den Terrarianer.
Herpetofauna Verlag, Weinstadt

Reptilia
Terraristik-Fachmagazin.
Verlag Natur und Tier, Matthias Schmidt, Münster

Salamandra und Elaphe
Das sind zwei Fachzeitschriften, die von der Geselschaft für Herpetologie und Terrareinkunde (DGHT, Adresse siehe links) herausgegeben werden.
Für Mitglieder der DGHT sind die Zeitschriften im Jahresbeitrag inbegriffen.

Sauria
Terraristik und Herpetologie.
Terrareingemein-schaft Berlin e. V.

LITERATUR

Haben Sie sich entschieden eine Schlange zu kaufen? Welche Art wird es sein? Wenn die Wahl einer bestimmten Art feststeht, sollten Sie sich weiterführende Literatur über diese Art besorgen, damit Sie sich über die Besonderheiten Ihres Pfleglings informieren können. Hier noch ein paar Literaturtipps zu allgemeineren und speziellen Themen:

Coborn, J.:
Schlangen-Atlas, 2. Aufl.,
Bede-Verlag

Nietzke, G.:
Die Terrarientiere, Bd. 1 und 2
Verlag Eugen Ulmer

Nietzke, G.:
Fortpflanzung und Zucht der Terrarientiere,
Landbuch Verlag

Thissen, R., Hansen H.:
Königsnattern, Natur und Tier

Trutnau, L.:
Schlangen im Terrarium, Bd. 1,
Verlag Eugen Ulmer

Lektorat: Britta Zickfeldt, Hannover
Layout und Gestaltung:
Landbuch Verlag GmbH, Hannover
Druck: Buchdruckwerkstätten, Hannover

Die Fotografen
Bildagentur IPO, Linsengericht-Altenhaßlach:
U2, S. 2 u., 8, 13, 14, 19, 21, 23, 25,
29, 30, 35, 37, 38, 40, 41, 47, 51
Blahak, Dr. Silvia, Lage: U1 Freisteller,
U4, S. 1, 4, 26, 34, 43
Cramm, Raimund, Langenhagen: 32, 57
Schmidt, Wolfgang, Soest: U3, S. 2 o.,
9, 10, 16, 45, 59, 61
Strathemann, Udo, Bad Salzuflen: U1
Hauptmotiv, U1/U2 Hinterleger, S. 6,
27, 54

Zentralverband Zoologischer Fachbetriebe

Der Zentralverband Zoologischer
Fachbetriebe Deutschlands e. V.
(ZZF) ist die berufsständische Vertre-
tung der Heimtierbranche.
Die Mitglieder des ZZF fühlen sich
für das Wohl der Heimtiere verant-
wortlich.
Um Sie rundum über die Bedürfnisse
Ihrer Tiere zu informieren, ist
gemeinsam mit dem Landbuch Verlag
dieser Ratgeber für artgerechte
Tierhaltung in der Buchreihe
»Verantwortungsvoll mit Tieren leben«
entstanden.

Wenn Sie mehr über die Arbeit des
ZZF wissen möchten, rufen Sie uns
an:

Telefon 06103/91070.

Wir nennen Ihnen auf Wunsch auch
gern ein ZZF-Zoofachgeschäft in Ihrer
Nähe.

Bei konkreten Fragen zur Heimtierhaltung wenden Sie sich bitte an unsere telefonische Heimtierberatung:

06103/910732

Wir stehen Ihnen zu allen Fragen der
Heimtierhaltung gern zur Verfügung.

HINWEIS

Zum Weiterlesen

Rüdiger Daum
Europäische Landschildkröten
64 S., 50 Fotos,
DIN-A5-Format
17,90 DM, 131,– öS, 17,– sFr
ISBN 3 7842 1612 9

Landschildkröten gehören zu den beliebtesten Heimtieren. Aufgrund ihres ruhigen Wesens werden sie häufig für pflege-leicht gehalten. Doch ihre Bedürfnisse dürfen nicht unter-schätzt werden. Dieser kompe-tente und praxisnahe Tier-Rat-geber gibt wichtige Tipps und Hinweise für die Pflege und artgerechte Haltung von Land-schildkröten.

Peter Rieth
Das Terrarium – mein Hobby
64 S., 50 Fotos,
DIN-A5-Format
17,90 DM, 131,– öS, 17,– sFr
ISBN 3 7842 1611 0

Dieser qualifizierte Tier-Ratgeber gibt wichtige Tipps und Hinweise für die artgerechte Haltung, Pflege und Unterbringung verschiedener Reptilien und Amphibien. Denn nur bei richtiger Haltung werden die Tiere den Terrarianer mit ihrem munteren Wesen erfreuen und ihr Wohlbefinden auch mit gesundem Nachwuchs ausdrücken.

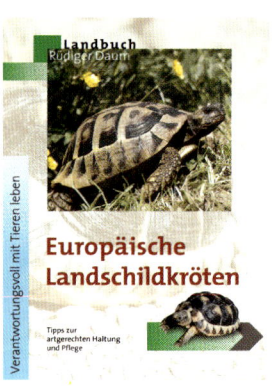

Dr. Dieter Schmidt
Schlangen
104 S., 24 Fotos, 7 Zeichn.
14,80 DM, 108,– öS, 14,– sFr
ISBN 3 7842 1113 5

Schlangen haben seit jeher auf den Menschen eine faszinierende Wirkung. Wie man als Terrarianer Schlangen halten und sogar er-folgreich vermehren kann, be-schreibt dieses Natursachbuch.

HINWEIS

Im Programm des Landbuch Verlages finden Sie viele Titel mit interessanten Informatio-nen zu verschiedenen Terra-rientieren.
Hier lesen Sie Wissenswertes zur artgerechten Haltung ver-schiedener Terrarientiere und erhalten viele praktische Tipps.

Weitere Titel aus dem Verlag:

Friedrich Wilhelm Henkel
Wolfgang Schmidt
Tropische Wälder als Lebens-raum für Reptilien und Amphibien
152 S., 88 Fotos
59,– DM, 431,– öS, 53,50 sFr
ISBN 3 7842 0585 2

Friedrich Wilhelm Henkel
Sebastian Heinecke
Chamäleons im Terrarium
160 S., 61 Fotos,
13 Zeichn.
68,– DM, 496,– öS, 62,– sFr
ISBN 3 7842 0493 7

Anthony Bannister
Rod Patterson
Reptilien Südafrikas
128 S., 239 Fotos,
5 Zeichn.
29,80 DM, 218,– öS,
27,50 sFr
ISBN 3 7842 0374 4